Diccionario

Bitcoin & Criptomonedas

Inglés-Español

Con los términos más usados en el Comercio de Valores Monetarios.

Copyright 2018 by Carlos Berenguer

Case # 1-6271107811   02/06/2018

carlosberenguer@aol.com

ISBN: 13: 978-1986211680

ISBN: 10: 1986211681

www.carlosberenguer.com

Caratula: Jorge Mauricio Oviedo manichov@gmail.com

Miami. USA. Primera edicion Abril 2018

Derechos reservados All right reserved.

Este libro no puede ser reproducido de ninguna manera ni totalmente ni una parte del mismo sin permiso del autor. This book, or parts thereof, may not be distributed, copy or reproduced in any way neither total or partially, without authorization of the author.

Ninguna sección de este material puede ser reproducida, en formato electrónico, impreso o cualquier otro tipo de soporte existente, incluyendo fotocopiado o grabación de voz sin la expresa autorización del autor.

Glosario

Especializado, para personas cuyo idioma original es el español y participan en el mercado de valores monetarios

Condiciones

Para la selección de este glosario de términos, hemos tenido en cuenta los siguientes criterios:

☐ *Las principales palabras en inglés que aparecen en esta modalidad.*

☐ *Algunas palabras que aunque no aparezcan en estas líneas serán de mucha utilidad cuando se estudien algunos de los libros que se recomiendan por los expertos en Criptomoneda, Bitcoin etc.*

☐ *Palabras comunes que al aplicarlas a esta especialidad de hacer mercado, adquieren un significado suigéneris.*

☐ *Se han evitado las definiciones demasiado sofisticadas, en cambio se han usado palabras corrientes y ejemplos para entender la esencia de cada vocablo.*

☐ *En ocasiones especiales, se ha alterado ligeramente e Intencionalmente, el orden alfabético, con el propósito de enfatizar determinado concepto, ya sea por alguna gráfica o por ser aclaratoria o de alguna ayuda, alguna palabra de su entorno.*

Abreviation Abreviatura, manera de acortar una palabra sin perder el significado p.e. Doctor vs. Dr.

Absolute Término usado en las fórmulas matemáticas cuando solo se requiere el valor al margen del signo que presente.

Abs. Ver *Absolute*.

Accomplish Alcanzar o lograr algo.

Achieved Ver *Accomplish*.

Acronym Acrónimo, sigla, es una palabra compuesta de las primeras letras de un grupo de palabras, p.e. *United Nations Organization vs. ONU.*

Add On Añadir algo, cuando se está participando en el mercado quizá con una posición y los indicadores me señalan que continua en el mismo sentido que es conveniente poner algún contrato extra y le añado alguno, se dice he hecho que ha ocurrido un *add on.*

ADX (Average Directional Index) Es un indicador de tendencias desarrollado por *Welles Wilder*.

Aggregate Risk Se conoce en español como, riesgo global, es la Suma total del riesgo que tiene el banco con el cliente para contratos en efectivo *(spot)* o financiado *(forward)*.

Aim Aspirar a algún objetivo.

Airdrop Es la acción de regalar

Alert Alertar, poner sobre aviso, se usa ese término al referirse a las posibilidades de las plataformas para mandar avisos cuando suceda algo que nos de una pista para mejorar nuestras decisiones.

Algorithm Algoritmo, se refieren a las letras, signos y símbolos usados para expresar un problema básicamente matemático con la utilización de fórmulas.

Cuando se habla refiriéndose a *blockchain* se refiere a los métodos empleados por la minería para comprobar y estar seguros de las transacciones. Algunos de ellos son CryptoNight y Scrypy.

Alligator Así llama *Bill Williams* a su grupo de *moving averages* de *5, 8 y 13* períodos, que el usa para establecer una estrategia en conjunción con unos osciladores. Ver el apéndice relativo a la bibliografía recomendada.

Altcoin Término que se usa para referirse a las criptomonedas alternativas a Bitcoin; como lo vienen siendo nuestras Onions, los Litecoin, los Ethereum, Monero, entre otros.

Amazing Asombroso.

American Option Opción americana, puede ejercerse cualquier día durante su vida útil.

AML Siglas correspondientes a *Anti-Money Laundering*, que se refieren al marco legal creado por los gobiernos de cada país para combatir el lavado de dinero.

Appcoins Son activos de un sistema basado en criptomonedas con una aplicación.

Appearance Apariencia, se usa cuando se refiere a lo que aparece en la pantalla de tu computadora, de cómo se debe distribuir, dar colores, dar énfasis, etc. a los aspectos que te ofrece la plataforma que se está usando.

Appreciation Es cuando se Revaloriza. Es el incremento del valor de una divisa por cualquier motivo.

Arbitrage Cuando se realiza la operación de venta y de compra simultáneamente. Si se hace de la manera correcta hay muchas variantes de hacer ganancias con el menor riesgo.

AR Coin Criptomoneda. Ofrece nuevos Algoritmos.
Tambien 2 horas mínimas para el Skate age.

Archcoin Criptomoneda. Usa también el argoritmo *Proof-of-Stake*. No aspira a sustituir al Bitcoin sino ofrecer algunas diferencias y posibilidades extras.

Around Alrededor
Se utiliza en operaciones de Prima/descuento por cuotas. En ingles se asocia a las palabras *premium – discount*.

Array Surtido, grupo de cosas, grupo de columnas y filas en una tabla, rango , serie, etc.

ASIC Circuito Integrado de Aplicación

Específica. Chip diseñado en el mundo de las criptomonedas para resolver problemas de *hashing* y así generar nuevas criptomonedas.

Ask   Es el precio de venta que ofrece el banco, es el precio a que comprará el *trader*.

Ask price Ver *Ask*

As far as Hasta donde yo..., en la medida en que...

Asset Activos. Pero en el *Forex* se conoce como el derecho de recibir de la contraparte una cantidad de moneda convertible en una fecha específica según un acuerdo previo.

Assesment   Evaluación, valoración.

Australian dollar (AUD) Se dice del Dólar australiano.

Autodial   Se dice de los teléfonos que con solo apretar un botón comunican de manera rápida un número pre-grabado en caso de emergencia

At or Better Adquirir posición lo más favorable. Orden de comprar o vender a un precio prefijado o mayor.

At-the-Money - En dinero es una Opción cuyo precio de orden es igual.

At Par Forward Spread - Margen a plazo a la par. Cuando el precio de contado es similar al precio por pagos.

At Price Stop or Loss Order or Limit order Orden limite, que debe ejecutarse

Auction Subasta
Venta de un producto al mejor postor.

Average   Promedio, promediar.

Average Rate Option Opción a precio promedio. Se ejecuta esa orden en el rango de precios de ejercicio y el precio medio al contado

Aware   Estar informado, consciente, darse cuenta de. . .

Awesome   Increible. Ver *amazing*.

Back Office Centro de liquidaciones

Back to Back Respaldo mutuo

Back test La prueba hacia atrás, con datos periodos pasados, generalmente se hace para probar y evaluar estrategias en períodos anteriores, de esa manera antes de usarlas se determina su eficiencia y veracidad, se realizan las modificaciones que sean necesarias con vistas a proyectarla hacia el futuro.

Back up Dar marcha atrás, retroceder en computación se usa para describir el hecho de almacenar en sitio seguro determinada información. .

Balance of Payments Balanza de pagos. Balance de tangibles.
Ver Balance of Trade

Balance of Trade Balanza comercial

Band Banda Límites de la variación de precios de una divisa.

Bank Line Línea de crédito bancario.

Bank Notes Documento emitido por los Bancos, de curso legal.

Bank Rate Precio fijado por el Interés

bancario, es la tasa que usa el Banco Central, para los préstamos.

Bankshares Criptomoneda. De reciente adicion al Altcoin market. Actualmente no es posible usar el sistema de minero con ella. Promete buenos dividendos.

Bank Transfer Transferencia bancaria de valores monetarios.

Barrier Option Opción barrera
Opciones dependientes de su movimiento

Base Currency La divisa que utilizan en los informes los s o instituciones. También llamada divisa de los estados financieros.

Base Rate En el Reino Unido se usa para denominar la tasa que utiliza el banco para los prestatarios.

Basis Point Punto básico. Es igual a 0,0001

Basis Price Se refiere al Precio base.

Basis Convergence Se refiere a la base cuando tiende a cero según se acerca la del contrato.

Basis Trading Posiciones opuestas en el mercado normal y en el de futuros.

Basis Base Diferencia entre el precio al contado y el precio de futuros.

Basket Grupo de divisas que se usa para gestionar la razón de cambio de una divisa.

BBB (Better Bussines Bureau) Organización de *E.E.U.U.* Para archivar quejas de los consumidores, con vista a alertar sobre la calidad y confiabilidad de la entidad con la que están tratando.

Bear Oso, es el símbolo escogido por *Wall Street* para nombrar al mercado que disminuye sus precios, a la baja. Cuando el mercado tiene una tendencia a la baja o sea el precio disminuye paulatinamente, a ese mercado se le llama *bear market* y en general se recomienda entrar posiciones a favor de la dirección que trae el mercado. Lo contrario es Bull. Ver Bull.

Bear market Ver *Bear*.

Bearish market Un mercado marcadamente a la baja. Ver *Bear*.

Be aware Ver *aware*.

Behaivor Comportamiento.

Beneath Debajo de .. ..., abajo.

Beyond Mas allá de. . . .mas lejos que .

Bias Cuando se tiene una idea prejuiciada sobre algo, pre condicionamiento de criterios.

Bid price Es el precio de compra que ofrece el banco. Es el precio a que venderá el *trader*. Ver *trader*.

Big Figure Se refiere por lo general a los primeros dígitos de un tipo de cambio.

Bilateral Clearing Convenio bilateral para honrar los contratos.

Billion En países anglos un billón es el equivalente a mil millones *1,000,000,000* y en países de habla hispana un billón equivale a un millón de millones *1,000,000,000,000*. Ver. Trillón

Binary Options   Opciones binarias

BIS Banco Internacional de Pagos

BITCOIN in Capital letters Cuando se escribe en mayúscula, se refiere a la Criptomoneda en si, como nombre propio.

Bitcoin in Lowercase letters Cuando se escribe con minúscula, se refiere a unidades de BITCOIN.

Bitcoin address Es la información que hay que suministrar a cualquier persona o entidad, para realizar un pago con Bitcoins.

Bitcoin Investment Trust Fondo de inversión financiero cuyos basados en la criptomoneda Bitcoin.

Bitcoin Market Potential Index (BMPI) Indicador de más de multiples variables, mas de 40, que clasifica a 178 países según su capacidad de aceptar Bitcoin como moneda.

Bitcoin maximalist Persona fanática de bitcoin.

BITCOIN Mining Mineria BITCOIN. Es el proceso de aplicar los artificios y trabajos matemáticos con computadoras especializadas, para confirmar las transacciones en la red Bitcoin incrementar la seguridad. Los "mineros Bitcoin" cobran regularmente costos de transacción de las operaciones de entrada y saliuda del mercado. Es un mercado especializado y complejo y precisamente por su complicación, la mayoría de los que entran en el mercado de los Bitcoins no llegan a ser mineros.

Bitcoin Whitepaper Documento que describe la tecnología Bitcoin en detalle y con el quedaron establecidos los fundamentos de ésta como método de pago. Fue escrito por 'Satoshi Nakamoto' y se publicó en 2008.

BitPay Procesador de pagos con bitcoins. Permite a los comerciantes aceptar bitcoins como forma de pago, obteniendo al final de la transacción la criptomoneda o dinero fiduciario según su preferencia. También ofrece servicios de cartera de bitcoins.

Bitshares Criptomoneda. Se basa en descentralizar y crecer de manera que sea muy difícil rastrear.

BitStamp Casa de cambio con sede en Eslovenia que permite a los usuarios cambiar bitcoins por dinero fiduciario y otras criptomonedas.

Blackcoin Criptomoneda. Habla de su seguridad y ofrece soporte continuo para los clientes.

Black-Scholes Model Fórmula de cálculo para opciones.

Block chain Es la manera de describir un registro en la Cadena de Bloques. Registro de todas las operaciones según el momento en que se realiza y se muestra de manera pública para ser compartida entre todos los que están participando en el mercado del Bitcoin.

Block Genesis Nombre dado al primer bloque creado y verificado de la blockchain de una criptomoneda.

Bluecoin Criptomoneda. Comenzaron estas operaciones como si fueran una broma. Pero hoy ofrecen el Hibrido Proof of Skate X11 una manera de encriptar que hace la operación segura y difícil de rastrear.

Board Mural, pizarra de avisos, tablero de anuncios, algo generalmente pegado a la pared de la oficina donde se colocan los avisos y recordatorios.

Body En el sistema gráfico de velas o *candles* , se conoce por body al cuerpo de la vela , esa porción limitada por el precio a que abre open y el precio a que cierra *close* de un período de tiempo.

Bolsa A pesar de ser un término en español, le mencionamos ya que es el nombre propio del lugar donde se cotizan las acciones *stocks* y muchas personas de diferentes países a pesar de no hablar español le conocen por este nombre. En idioma inglés se denomina *New York Stock Exchange (NYSE)* aunque es muy común referirse a ese sitio simplemente con el término de *Wall Street.*

Bollinger band Técnica inventada por *John Bollinger* , que se basa en las curvas promedio del precio *moving averages* usados como canales y en la desviación estándar del precio en un período de tiempo.

Bonds Instrumentos financieros emitidos por el gobierno para obtener capital en base a una promesa de ganancias en un tiempo determinado.

Bonus Cuando algo que adquirimos trae algo adicional en forma gratuita.

Booked Documentacion de una transacción en otro país diferente al que se esta entrando en el mercado.

Boris Se le conoce coloquialmente a las operaciones con el mercado Ruso.

Bottom Fondo. En general se refiere a un nivel de soporte en el precio, cuando el mercado disminuye su precio hasta una zona donde rebota y comienza a recuperarse, se dice que llegó a un fondo o *bottom*. Es un soporte.

Bouncing Rebote, el mercado llegó a una zona de soporte o de resistencia y pivoteó, cambió de dirección.

Bound Upper Límite superior a que se admite sea activada una orden con precio pre-fijado.

Bound lower Límite inferior a que se admite sea activada una orden con precio pre-fijado.

Box range Cuando un mercado se mueve de lado, se consolida, se enmarca entre dos líneas de tendencia trendlines, entre un soporte y una resistencia, se dice que el mercado está haciendo un canal, está enmarcado en un rango similar a un rectángulo, un *box range*.

Box close La opción que seleccionaste mediante un *Box option* fue infructuosa. Ver *Box option*.

Box payment El costo o *ticket* que pagaste por una *Box option* que fue deducido de tu cuenta.

Box option Es un cuadrado que ofertan algunas plataformas que se inscribe en la gráfica Precio-Tiempo para hacer *Forex* con opciones. Este cuadrado se limita por un nivel máximo y otro mínimo dentro de un período de tiempo. Este cuadrado según se defina a la hora de abrir la posición actúa de límite y si es alcanzado en algún punto por el precio es *"hit"* y si no es alcanzado será *"miss"*. Se dice *"hit the box"* o *"miss the box"*.
Desde que se adquiere se sabe su costo *ticket* y lo que ganaría si se cumple tu predicción *hit or miss the box*.

Bracket market Cuando el mercado se mueve entre dos fronteras definidas, las cuales se visualizan fácilmente con las líneas de tendencia *trendlines* , el precio sube rebota y baja , rebota nuevamente y sube y así sucesivamente.

Breakaway Cambio de dirección.

Breakeven Cuando un participante en el mercado de divisas, ni está ganando ni está perdiendo, está parejo.

Breakout Romper una inamovilidad, romper con un patrón y tomar un rumbo, p.e. un mercado que se mantiene en un canal, entre una zona de resistencia y otra de soporte, de momento el precio rompe con los límites y deja de estar en ese espacio enmarcado y toma un rumbo fuera de esos límites, se dice que ocurrió un breakout en el punto de ruptura.

British Pound (GBP) Moneda de la *Gran Bretaña*, conocida como Libra esterlina *sterling pound* o *cable* en inglés.

Brocker Corredor de valores, es el que permite hacer operaciones de compraventa de divisas directamente o a través de su plataforma creada al efecto para ser manejada por el usuario vía *Internet*.

Brockerage Acción que realiza el corredor o *brocker*. Ver *brocker*.

BTC Es equivalente a Bitcoin, también se le conoce como XBT.

BUBA Ver. Bundes bank.

Bull Toro. Es el símbolo que *Wall Street* escogió para representar el mercado alcista.

Cuando un mercado sube sistemáticamente de precio se dice que el mercado es *bull*. En ese caso se recomienda entrar al mercado comprando hacia arriba *long*. Lo contrario es *Bear*. Ver *Bear*.

Bulldogs Bonos en libras esterlinas emitidos en el Reino Unido por instituciones extranjeras

Bull market Mercado con precios ascendentes. Ver *Bull*.

Bullish market Cuando el mercado está ascendiendo consecuentemente. Ver *Bull*.

Buttonwood Movimiento fundado por Josh Rossi, que promueve el intercambio público y libre de bitcoins por dólares, nombre que hace referencia a un acuerdo realizado a la Bolsa de Nueva York en 1792.

Buy order Cuando se emite una orden de compra al precio del mercado.

Buy limit Compra al precio pre-establecido o a uno mejor.

Bundesbank Banco Central de Alemania

Butterfly Spread Se usa ese término en futuros, es la compraventa múltiples meses al mismo intervalo de tiempo.

Buy stop Comprar cuando el mercado llegue al valor a que se ha pre-fijado. Generalmente para cerrar una posición.

Buy market Idem *Buy order*.

Buy Box Compra de una opción *option*.

Bytecoin Criptomoneda. Creador Amjuarez y Nicolas van Saberhaageh en 2012. Es la primera en usar Cryptonote Protocol. Casi imposible de rastrear.

Cable Libra Esterlina inglesa. Manera coloquial de llamar a la moneda de *Inglaterra*.

Cable Transfer Transferencia telegráfica de valores monetarios.

CAD (Canadian dollar) Dólar canadiense, se le conoce popularmente por *Loonie*.

Call Option Opción de compra de una opción.

Candle Es la expresión gráfica del movimiento de una moneda o de un par de monedas en un período de tiempo, consta de un cuerpo o *body* limitado por el precio a que abrió el mercado *open* y el precio a que cerró *close*, así como una línea vertical limitada por el precio mas alto *high* y el mas bajo *low* del mismo período de tiempo. En español se conoce por vela.

Candlestick charts Método de graficar en base a velas *candles* que representan un período de tiempo. Para su mejor comprensión se grafica un tiempo adecuado en función del período escogido para la *candle,* por ejemplo si las velas son de una hora cada una, se grafica unos tres a cinco días.

Capital Account Valor considerado según el balance de exportaciones e importaciones de un país a corto o largo plazo.

Carry Costos por intereses en el mercado prestatario de valores.

Carry-Over Charge Gasto asociado con el costo de almacenaje de mercancías

Cash al Contado. Generalmente se refiere a una operación de cambio contratada para ser liquidada el día en que se concierta la transacción. El término se utiliza en USA, por los diferentes horarios, por ejemplo América Latina. En Europa y Asia, estas transacciones tienen su valor el mismo día.

Cash and Carry Un activo adquirido hoy para un mercado de futuro. Puede ser lo contrario, vender un activo y comprar a futuro.

Cash Settlement Liquidar en efectivo la diferencia entre el precio actual y el precio de futuro.

Casper Modo, mediante protocolo donde los Nodos están garantizados por un depósito de la criptomoneda especifica que garantice su participación.

CBOE   Mercado de Opciones. Chicago

CBOT *(Chicago Board of Trade)* Mercado de productos agrícolas de Chicago.

CBT   Chicago Boars Trade

CCI *(Commodity Channel Index)* Indicador diseñado originalmente para mercancías *commodities* , pero que surge mucho efecto en el *Forex*.

CD   Ver, Certificado de depósito

Central Bank   El Banco que da servicios financieros a los gobiernos y a los bancos comerciales. Ejecuta la política del gobierno en el campo monetario. Es el responsable de regular los intereses.

Central Rate   Tipos de cambio frente al ECU establecidos para las diferentes divisas en concordancia con el SME.

Certificate of Deposit (CD)   Certificado negociable al portador. Lo emite un banco comercial, por un precio y por un período de tiempo determinado. Los CD pueden ser honrados antes de tiempo, sólo si se venden en el mercado secundario o retirarlos pagando una penalidad.

Cellular   Telefono móvil.

Central Bank   El Banco que da servicios financieros a los gobiernos y a los bancos comerciales. Ejecuta la política del gobierno en el campo monetario. Es el responsable de regular los intereses.

CFTC *(Commodity Future Trading Commission)* Agencia reguladora Federal de Futuros y algunos aspectos de la industria del *Forex*.

Channel   Canal

Channel market   Un mercado que se mueve entre dos límites de soporte y resistencia. Se identifica regularmente de manera gráfica.

CHAPS (*Clearing House Automated Payment System*)   Cámara de compensación electrónica europea.

Chartist   También llamado cartista o simplemente analista. Se dice de un experto en el análisis de las gráficas mediante las comparaciones estadísticas o modelos existentes. Predice tendencias y previene cambios de dirección del mercado.   Observa patrones repetitivos y curvas e indicadores.

CHIPS (*Clearing House Interbank Payment System*) Cámara de compensación electrónica de Nueva York

Challenge   Desafío, meta.

Chaos   Caos, la teoría del caos mantiene que en medio de un sistema aparentemente en desorden, hay leyes que dominan su comportamiento.

Chase   Perseguir algo, se usa para describir críticamente a algunos *traders* que persiguen el precio obsesivamente produciendo en ocasiones pérdidas innecesarias.

CHF (Swiss Franc) Franco suizo.

Chicago Board Options Exchange Mercado de Opciones de Chicago.

Chopper day Día en que se entra y se sale del mercado en varias oportunidades.

Choppy market Mercado de entra y sale, se le llama también mercado de picoteo.

Christmas Navidad.

Churning Cuando un *brocker* que está haciendo transaciones en tu nombre y entra y sale mas veces que las necesarias solo con el objetivo de cobrar mas honorarios o comisiones.

CIBOR *Copenhagen Interbank Rate* Precio que cobran los bancos para prestar la moneda de Dinamarca, sin aseguramiento obligado.

Click Acción mediante la cual se da una orden oprimiendo una tecla en el tablero de la computadora *keyboard*.

Closed position Una posición cerrada o cancelada.

Closing Purchase Transaction Transacción de compra de una opción idéntica a otra que vendistes sin tenerla aun y tienes cuando la adquieras que honrar.

***CME** (Chicago Mercantile Exchange)*. Bolsa de Chicago.

Coincident Indicator Indicador económico que generalmente se mueve en línea con el ciclo general de negocios, como la producción industrial.

***Comex** (Commodity Exchange of New York)* Mercado de contratación de derivados de Nueva York

Contract Expiration Date Fecha de entrega obligatoria de una divisa en cumplimiento de las disposiciones de un contrato.

Contract Month El mes de entrega o maduración de productos contratados en futuros, si no han sido liquidados o negociados antes de la fecha indicada.

Contract Acuerdo de compra o venta de una determinada suma de divisa o de una opción para un mes determinado en el futuro (ver Contrato de futuros).

Correspondent Bank Banco extranjero representante, que presta regularmente servicios a otro banco que no tiene sucursales en el sitio en cuestión, por ejemplo facilitando la transferencia de fondos. En Estados Unidos, suele ocurrir entre distintos sitios del país, por las restricciones bancarias entre los estados.

Cost of Carry Coste neto de financiación para mantener la posición.

Cost of Living Index Índice del coste de la vida, en términos generales, equivalente al Índice de precios minoristas o al consumidor.

Counterparty Cliente o banco con el que se ejecuta una operación de cambio. Usa el algorithm Proof of Burn. Ofrece contratos inteligentes y sin límite de horario.

Counterparty Risks Riesgos de cumplimiento de compromisos.

Clue Pista, señal, guía, que me ayude a tomar mejores decisiones.

CME (Chicago Mercantil Exchange) Agencia que liderea la oferta de opciones y futuros entre otros instrumentos financieros. Ver *options* y ver *futures*.

CNBC, CNBCW   Estaciones de televisión dedicadas al mercado.

Color printer   Impresora a color.

Commission   Los honorarios que cobra el brocker por llevarte tu cuenta.

Commodities   Mercancías tales como granos, alimentos, metales, etc. que se comercializan en el mercado.

Compound Interest   Interés compuesto, una manera exponencial de aumentar nuestro capital inicial. Cada vez que ganes, sumas esa ganancia al capital inicial trayendo por consecuencia que cada vez tendrás más posibilidades de adquirir mas lotes o mini-lotes, si se es consecuente y disciplinado, en un tiempo razonable el resultado será asombroso.

Compound Option   Opción compuesta sobre otra opción, con periodos y precio ya fijados.

Computer   Computadora, ordenador, *PC*.

Confirmation   Confirmación. Se usa este término cuando uno o más indicadores sustancian o confirman, la acción del otro.

Consolidation   Cuando el mercado después de haber desarrollado una tendencia comienza a moverse de lado, es decir, entre soporte y resistencia, se dice que esta consolidando.

Continuation patterns   Patrones que por su característica indican una alta probabilidad de que el mercado continúe en el sentido en que se venia moviendo antes del patrón.

Convergence/Divergence   Se usa en el análisis del mercado, la convergencia y la divergencia se observan las gráficas del precio versus las gráficas de ciertos indicadores. Su clave es la observación de las contradicciones.

Convertible currency   Moneda libremente convertible, divisa, moneda fuerte

Copy/Paste   Copiar y pegar. Se usa en el mundo de la cibernética en copiar determinados documentos o información para trasladarlos a otro dispositivo.

Core   Lo principal, el meollo, el corazón de...

Corp. C Corporación estándar en los Estados Unidos.

Corp. Sub. S Corporación en los *Estados Unidos* que evita el doble impuesto, en ocasiones es de gran utilidad para los negocios pequeños.

Corp.LLC (Limited Liability Corporation) Un tipo de corporación en los *Estados Unidos* que permite dirigir un negocio propio al tiempo que puedes desviar las ganancias a familiares y amigos. Un apropiado uso de este tipo de corporación puede resultar en enormes ahorros en materia de impuestos.

Corrections Si el mercado se mueve en un sentido y respira, retrocede un poco para luego incorporarse nuevamente a la dirección que traía antes de ese retroceso se ha producido una corrección, *correction*. Se le llama también *retracement*. Ver *retracement*.

Countertrend Día en que el mercado se comporta contracorriente o sea en dirección opuesta a la tendencia.

Country Risk Factores que afectan al comercio en divisas y que son característicos de un determinado país. Entre ellos se encuentran los riesgos políticos, reglamentarios, jurídicos y de periodos de vacaciones.

Coupon Value Precio de interés anual de un bono o cupón.

Coupon Cupón

Cover Cubrir
Se dice cuando se cierra una posición a lo corto (short) comprando valores que se habían vendido y había que honrar.

Covered Interest Rate Arbitrage Forma de arbitraje que consiste en tomar prestada una divisa, cambiarla por otra, y una vez pagada la cobertura cuando llega su caducación, obtener un beneficio.

CPA (Certified Public Accounting) Contable o contador certificado en USA.

CPI (Consumer Price Index) Indice del consumidor.

CPSS (Committee on Payment and Settlement Systems). Comisión sobre sistemas de pagos y liquidaciones.

Crawling Peg (Adjustable Peg) Paridad móvil. Sistema en que el tipo de cambio de un país está ajustado al de otra divisa.

Credit Risk El riesgo de falta de pago de un deudor.

Cross Deal Transacción de cambio con dos divisas, que no son a su vez divisa base.

Cross Hedge Técnica en que se utilizan futuros para proteger posiciones diferentes que de algún modo están relacionadas.

Cross Rate Tipo de cambio entre dos divisas, generalmente basado en el valor de ambas divisas.

Cross-Trade Cuando el vendedor y el comprador son la misma entidad o persona.

Cross rates Una razón de cambio entre dos divisas con la excepción que una de ellas sea el dólar de los Estados Unidos de America.

Cryptography Criptografía, se ocupa del estudio de los algoritmos, protocolos y sistemas que se utilizan para proteger la información y dotar de seguridad a las comunicaciones y a las entidades que se comunican. Criptoanálisis.

Cryptocurrency Criptomonedas. Una moneda digital que emplea técnicas de cifrado para reglamentar la generación de unidades de moneda y verificar la transferencia de fondos, y que opera de forma independiente de un banco central

Cup & Handle   Patrón que presenta la forma de una taza y su asa, en ocasiones alerta un cambio de la dirección del mercado sobre todo en acciones de la bolsa.

Currency   Ver *Convertible Currency*.

Current Account   Saldo de operaciones por cuenta corriente. Es el saldo neto de los pagos provenientes de las exportaciones e importaciones de un país, junto con transferencias unilaterales, como las provenientes de ayuda exterior y transferencias migratorias. No incluye la afluencia de capitales.

Current Balance   Balanza por cuenta corriente Valor de todas las exportaciones (bienes y servicios) menos las importaciones de un país en un periodo determinado, igual a la suma de las balanzas comercial y de invisibles más el ingreso neto por intereses, ganancias y dividendos del exterior.

Currency Basket   Conjunto de divisas para establecer el valor ponderado de una divisa en relación a la cesta (p. ej. ECU o SDR). A veces se utiliza para fijar los tipos de cambio de las divisas, sobre una cesta ponderada. Grupo selecto de divisas cuyo promedio ponderado sirve como medida del valor o del monto de una obligación. Suelen utilizarse en contratos como medio de evitar (o minimizar) riesgos ocasionados por fluctuaciones.

Currency pair   Dos monedas con una razón de cambio como pudiera ser *USD/EUR*.

Currency trader   Un comerciante de monedas fuertes o divisas.

Currency trading   El acto de negociar entre dos monedas legales de diferentes países.

Customization   Hecho a la medida,

Cycle   Grupo de fechas de vencimiento en relacion a distintas clases de opciones.

Daily   Diariamente.

Danmarks Nationalbank   Banco Central de Dinamarca.

Darkcoin Criptomoneda. Conocida también por Dash. Basada en el Bitcoin ofrece sus transacciones de manera mejorada con su único DarlSend + Feature.

Data Información almacenada sobre los valores del *open, high, low* y el *close* de las diferentes monedas e índices y de los diferentes períodos de tiempo, estos datos se usan para nuestros análisis y para la construcción de gráficas.

Dash Criptomoneda.

Database Ver *data*.

Date Fecha.

Day trading Establecer y liquidar posiciones en el *trading* dentro del mismo día no dejando ninguna posición abierta para el próximo día.

Day trader El *trader* que hace *day trading*.

Day order Órdenes que contemplan iniciar posiciones dentro del horario del día si no se cierran antes de terminar el día se cierran automáticamente.

Deal Date Fecha en que se acuerda la transacción.

Deal Ticket Método de control y cuidado de los datos básicos de una transacción.

Dealer Personas que actúan como principal en todas las transacciones, comprando y vendiendo para tu cuenta.

Dealing station Las operaciones de compraventa en el *Forex* ocurren en segundos a través de las plataformas, usando un programa instalado que permite interrelacionarse con el *brocker*. Esta tecnología que te permite hacer *trading* desde tu hogar se conoce como *dealing station*.

Declaration Date El último día o la hora en que el comprador de una opción debe comunicar al vendedor si va a ejercer la opción.

Deductions Deducciones, cantidad que el *I.R.S. (Internal Revenue Services)* en *USA*, permite sustraer del grueso de la entrada total, evitando de ese modo pagar impuestos por esa cantidad.

Deep Points Puntos que otorga la comunidad de *deep onion* por participar en los threads, o al realizar tareas.

Deep Onion Criptocurrency Una criptomoneda anónima y 100% imposible de rastrear enviada a través de la red TOR.

Default Aunque la traducción literal se refiere a negligencias en un pago, en el mundo de las computadoras *PC's* significa ajuste, en general un grupo de variables que están prefijadas en el programa o aplicación que te permite una vez cambiados todos los parámetros a voluntad regresar a los valores originales sugeridos por el autor.

Deficit Deficiencia en la balanza comercial, la balanza de pagos o presupuestos estatales.

***Delivery** Liquidación de una transacción* mediante una oferta

Delivery Date Día de vencimiento del contrato, en que se liquida la transacción. Se conoce como fecha valor (value date).

Delivery Risk Riesgo de incumplimiento de contrato

Delta Cambio en el valor del precio o la prima de una opción

Delta Hedging Método utilizado por los vendedores de opciones como estrategia de cobertura.

Demo-account Cuentas simuladas que te permiten practicar y probar tus estrategias en tiempo y data real, solo que con dinero ficticio. Generalmente son ofrecidas gratuitamente por un tiempo por las diferentes plataformas.

Depo Depósito

Derivatives Término que se refiere a instrumentos de riesgos como futuros, opciones, etc.

Desk También llamado sección o mostrador, se refiere a un grupo que se ocupa de determinada divisa o de ciertas divisas.

Details Toda la información necesaria para fijar una transacción de cambio.

Devaluation Baja del valor de una divisa, con respecto a sus paridades.

Diamond. Criptomoneda. Ha sido diseñada para su perfecto almacenamiento y una moderna descentralización económica. Ofrece al cliente una clara manera de mostrar sus operaciones financieras

Direct Quotation Cotización fijas de una divisa extranjera en comparación con la divisa nacional.

Discount Cuando el precio es menor que el precio del momento.

Discount Rate Precio a que se descuenta una letra de cambio generalmente ocurrido por falta de liquidez del banco central que lo ofrece.

Divergences Ver *Convergence/divergence.*

Dogecoin Una criptomoneda que realiza las transferencias P2P y sobrewtodo poseen una comisión muy baja

Doji Formación gráfica del movimiento del precio en un período dado, donde el *open* y el *close* coinciden en valor. Se acepta como *Doji* cuando los valores son muy cercanos. Es muy usado en el análisis de las gráficas. Indica indecisión y alerta de un posible cambio.

Domestic Rates Precios nacionales

Double bottom Es una formación donde el precio de un par de monedas baja, rebota y luego vuelve a bajar en una zona de soporte , para volver a rebotar e incorporarse en dirección contraria a la que traía antes de comenzar a formarse ese patrón. Describe un patrón similar a una "W".

Double Top   Es una formación donde el precio de un par de monedas sube, rebota y luego vuelve a subir en una zona de resistencia , para volver a rebotar e incorporarse en dirección contraria a la que traía antes de comenzar a formarse ese patrón. Describe un patrón similar a una *"M"*.

Dow Jones Index   Índice de *Dow Jones*, es un índice basado en el promedio de la actividad de las 30 acciones o *stocks* más activas.

Download   Descargar archivos para computadoras generalmente de la Internet.

Downtrend   Tendencia hacia abajo, donde los precios declinan.

Downpayment   Pronto que se adelanta para iniciar una inversión.

Draw   Dibujar, trazar, una aplicación muy común es en el trazado de líneas de tendencia *trendlines*.

Dump Contrario a *Whale* , en este caso bajada considerable del valor de una Criptomoneda en un periodo corto de tiempo. Ver Whale.

Durable goods Artículos durables, este indicador básicamente mide las nuevas órdenes a manufactureros de productos domésticos que duran en general mas de tres años.

D.S.L. (Digital Subscriber Line) Se refiere a servicios de Internet de alta velocidad.

Early birds Manera coloquial de denominar a los que se levantan temprano. En ese modo a los que hacen *trading* desde muy temprano en la mañana.

EA Son programas automatizados, que utilizan las plataforma de trading para manejar órdenes automáticamente.

Economic calendar Calendario de los eventos económicos más importantes para los mercados de monedas.

Economic indicators Indicadores económicos que reflejan estadísticamente la razón de crecimiento económico y su tendencia por ejemplo las ventas al detalle o el índice de empleos.

Economic Exposure Refleja el impacto de los cambios del mercado en posición competitiva de una compañía.

ECU - European Currency Unit Cesta de divisas de los países miembros. Como unidad compuesta, está constituido por todas las divisas de la Unión Europea. Fue creado por el Sistema monetario europeo (SME) para reemplazar todas las divisas de los miembros.

Edge Borde, filo, pero en *Forex* se usa como ventaja, tener un margen de ventaja, aproximarse poco a poco ventajosamente.

EE.UU. Abreviatura de *Estados Unidos*.

Effective Exchange Rate Los cambios en el valor la divisa de un país con respecto a otro.

EFT – TEF Transferencia electrónica de fondos.

Either Way Market En el mercado de depósitos interbancarios en euros, cuando los precios comprador y vendedor son iguales.

Electronic Comunication Network   Una red electrónica que permite intercomunicarse.

EMA (Exponential moving average)   Un *moving average* que da mayor peso o importancia a los últimos períodos.

E-mail   Mensaje electrónico enviado generalmente por *Internet*.

EMU – UME   Unión Monetaria Europea

EMS – SME   Sistema Monetario Europeo

Endeavor   Esfuerzo para lograr algo.

Entrepreneur   Empresario.

EOE   Mercado de opciones europeo

Epsilon   Letra griega que representa la *v*ariación en el precio de una opción con una fluctuación del 1% en su volatilidad. También se denomina con otras letras del alfabeto griego como Eta, Vega, Omega y Kappa.

Equity   Valor líquido, liquidez, las ganancias de una posición cuando esta se liquida, visto de otro modo lo que vale ahora una posición menos lo que se gastó en obtenerla..

ERM Mecanismo de del Sistema Monetario Europeo (SME)

EST *(Eastern Standard Time)* Se refiere a la hora del este de los *Estados Unidos* específicamente a la hora de *New York*.

Ethereum Ethereum es una Blockchain o Tecnología de Contabilidad Distribuida (DTL) con un lenguaje de programación Turing completo integrado, una computadora blockchain, que permite que cualquiera pueda escribir contratos inteligentes y aplicaciones descentralizadas simplemente escribiendo la lógica en unas pocas líneas de código. El protocolo Ethereum fue concebido originalmente como una versión mejorada de la criptomoneda Bitcoin, para superar las limitaciones de su lenguaje de programación, proporcionando características avanzadas tales como custodia sobre la blockchain, límites de retiro, contratos financieros, mercado de juegos de azar y similares a través de un lenguaje de programación muy generalizado.

Ethereum Classic ETC, Es una variante más barata del Ethereum pero con menos costo.

Euro Clear Sistema de liquidaciones y depósitos para los eurobonos.

European Union Grupo de países anteriormente de la Comunidad Europea.

Eur Euro, moneda común en la mayoría de los países europeos, los llamados paísea de la Eurozona, inicialmente incluyeron a *Austria, Francia, Alemania, Finlandia, Irlanda, Italia, Luxemburgo, Países bajos, Portugal y España* y posteriormente se incluyó a *Grecia,* fue establecido *el 1ro de Enero del año 1999.*

Even   Parejo, al mismo nivel, por ejemplo una posición que ni gana ni pierde que está pareja, también se conoce por algunos autores como *square.* Ver *Square.*

Exchange   Es una casa de cambio usada en el campo de las criptomonedas.

Exchange Rate Risk Pérdida potencial por movimientos adversos en los tipos de cambio.
Exercise Price (Strike Price) El precio al cual puede ejecutarse una opción.

Exotic Divisa de reducido mercado internacional poco conocida desde el punto de vista de estabilidad o influencia a otras divisas. Un ejemplo seria el dólar de Singapur, el peso

Mexicano, etc.

Expiry Date El último día en que puede ejercer el derecho de comprar o vender.

Expiration Fecha de vencimiento de una posición, bono, etc.

Expires El tiempo en que se vence una *limit order*.

Exposure El potencial de obtener ganancias o sufrir pérdidas por las fluctuaciones de los precios en el mercado.

Fade Literalmente es desvanecimiento pero en *Forex* obtiene otra connotación. En el *trading* se usa generalmente para describir una actuación contraria a algo. Por ejemplo, se supone que cuando sucede un *breakout* , o sea cuando el precio rompe con un patrón establecido y se separa de el , se entre una posición en el sentido hacia donde rompió el precio, si por alguna razón, por alguna estrategia entramos en sentido contrario se dice que hemos *"fade the brakout"*.

Fading Ver *Fade*. Haciendo *fade*.

Fader Ver *Fade*. El que hace *fade*.

Fans Seguidores o admiradores de algo.

Fairly Bastante.

Fast Stockastic Indicador basado en la sobreventa y en la sobrecompra *oversold & overbought* de un par de monedas, según sea el ajuste *setting* se le llama rápido o lento *Fast or Slow Stockastic*.

Faucet En español *grifo*, es una técnica que se utiliza cuando se inicia por primera vez un altcoin.

FCM (Future Commision Merchant) Firma o individuo que actúa como *brocker* o corredor para las transacciones de contratos de Futuros o de Opciones. Ver *futures* . Ver *options*.

Fear Temor.

Feathercoin (code: FTC) Es una criptomoneda de software de código abierto, Fue inspirada por Litecoin, la cual fue inspirada por Bitcoin. El principal programador es Peter Bushnell, magistrado en Tecnología de la información, en el colegio de Brasenose, en la univerdad de Oxford.La red de Feathercoin genera monedas a una velocidad descente y está programada para generar 336 millones de monedas, 16 veces más que el Bitcoin y 4 veces más que Litecoin. El 2 de diciembre de 2013, la red Feathercoin lleva generadas sobre 25 millones de monedas, de las 336 millones programadas.

FED (U.S. Federal Reserve System) Sistema de la Reserva Federal de los *Estados Unidos*.

Federal National Mortgage Association

FNMA Entidad financiera privada, auspiciada por el gobierno federal de EE.UU., que se dedica a las hipotecas de propiedades residenciales. Se basa en la venta de instrumentos y se le conoce por *Fannie Mae*.

Federal Reserve Board Es la Comisión que gobierna el Sistema de la Reserva Federal de EE.UU.

Fed Funds Fondos federales
Efectivo mantenidos por los bancos que forman la Reserva Federal local.

FEDAI La Asociación de operadores del mercado de divisas de la India.

Fib. Nombre usado en los *Estados Unidos* como abreviatura de *Fibonacci*.

Fibonacci Matemático italiano *(1175-1250)* que formuló una serie basada en adicionar los dos números anteriores. Los números y su relación muestran cifras significativas. La sucesión más conocida por los números de Fibonaci son, 3, 5, 8, 13, 21, 34, 55, 89, etc. Sumando siempre los dos últimos para generar el próximo. Las relaciones porcentuales más comunes son *38%, 62%, 50% y 100%,* a pesar de que *50* no es un número *Fibonacci,* por su uso se considera como tal.

Fibonacci retracements Cuando un mercado se mueve en una dirección, en algún momento regresa, hace un respiro, una corrección para luego incorporarse nuevamente a la dirección anterior, a ese retroceso se le reconoce como *retracement*. Suele suceder que ese *retracement* rebota o cambia de dirección en niveles específicos que coinciden con los números de *Fibonacci*. Por esa razón cuando un mercado respira, hace un *retracement*, se vigila pues muchas veces sucederá que rebotará a los porcientos de *Fibonacci,* este conocimiento es usado a la hora de tomar decisiones.

Flag Bandera, en el *Mercado* se usa para referirse a un patrón que tiene esa geometría.

Esos patrones nos sirven de guía para pronosticar movimientos futuros.

Flashing Una señal generalmente lumínica que nos alerta de algún suceso. Se usa en el *Forex* para señalar movimientos en el precio que nos pongan sobre aviso para tomar decisiones.

Floor Trader Pivot Es una manera de llamar a los que usan en *el piso* o sea en donde se hace *trading* el *Pivot Point System*, principalmente lo usan en en el *Trading Pits de Chicago*.

FIAT El Fiat es la moneda de curso legal, con la que se puede intercambiar o comprar Criptomonedas.

Fixed Exchange Rate Precio fijado por las autoridades monetarias para una o varias divisas.

Fixing Método de determinación de tipos de cambio, estableciendo uno que equilibra el vendedor y el comprador.

***FinCEN (Financial Crimes Enforcement Network*)** Agencia del Departamento del Tesoro de los Estados Unidos, que regula los intercambios comerciales con criptomonedas.

FinTech Tecnología Financiera.

FOMC Comité del Mercado Abierto de la Reserva Federal.

FOMO *(Fear Of Missing Out)* Miedo a perder un chance de aprovechar un momento o una tendencia bien marcada.

Font size Tamaño de la letra. Se denomina por puntos p.e. *10* puntos de medida.

Forecasting Pronóstico.

Foreing Exchange Intercambio de divisas. De la integración de estas dos palabras salió la sigla *For-ex, Forex. Ver Forex.*

Foreing Exchange Trading La operación de contraventa de una moneda respecto a la otra. Su sigla es *Forex. Ver Forex.*

Forex Nombre propio que se ha seleccionado para describir la actividad de hacer *trading* con monedas. Ver *Foreing Exchange.*

Fork Bifurcación. Versión de la cadena de bloques alternativa a la actual

Forums Foro. Lugar donde un grupo de personas intercambien criterios y experiencia, suelen ser muy valiosos si los asistentes son responsables. Hoy es muy común encontrar forum en *Internet* acerca del *Forex*.

Fractal La geometría fractal se define como una descripción matemática superior, de las formas naturales, que están conformadas de copias más pequeñas de sí mismas.

Free Floating market Monedas libremente convertible, también conocidas como divisas. Su valor está determinado por las fuerzas del mercado.

Free margin Dinero disponible después de separar el margen *margin* requerido.

Freicoin Criptomoneda peer to peer basada en el concepto de prueba de la transacion con las cadenas de bloques que usa el Bitcoin.

Fundamental Analysis Análisis fundamental. Un método para anticipar el futuro movimiento del precio de un par de monedas , usando información de la oferta y de la demanda y basada en los factores macroeconómicos de los diferentes países envueltos , estos factores pueden ser p.e. el crecimiento global, la inflación, el déficit, los intereses, etc.

Funds Se aplica esa denominación en ocasdiones a los dólares estadounidenses y a los dólares canadienses.

Fund deposit Un depósito que fue aplicado a tu cuenta.

Fund withdrawal Una extracción hecha a tu cuenta.

Futures Posiciones que sostienen que en un futuro preciso el precio alcanzará un determinado valor. Su uso más generalizado es en las mercancías o *commodities*.

Gain / loss Ganancias / Pérdidas, Ver *Profit & Loss*.

Gambling Juego del azar. Cuando las posibilidades de ganar o perder son iguales. Se dice que hacer *trading* no es un *gambling* pues cuando se participa responsablemente, las posibilidades deberán estar inclinadas a tu favor, mediante el uso de análisis fundamentales y técnicos.

Gann *William Delbert Gann*, uno de los primeros y mejores analístas técnicos del mercado. Nació en el *1878* en *Texas*. Dejó revolucionarias teorías basadas en la relación entre el Patrón, el Precio y el Tiempo, *Pattern, Price & Time*.

Gap Vacío, es la ausencia de transacciones, es el vacío que se forma entre dos precios dentro de un período de tiempo o entre dos períodos diferentes. Suele verse al comienzo de un período, pero en el *Forex* no es común verlo.

GBP (Great British Pound) Libre Esterlina inglesa. £.

***GDP** Gross Domestic Product)* Producto doméstico Bruto, toda la producción dentro de las fronteras de los *Estados Unidos*.

Genesis Block Cuando Satoshi Nakamoto empezó a extraer el bloque de Genesis sobre 3 de enero de 2009, es posible que él tenían cualquier pista sobre la cadena de los eventos que sucederían. Ver Satoshi Nakamoto.

Gigahashes El número de intentos de *hash* posible en un segundo dado, medido en miles de millones de *hashes*. Ver *hash*.

Glean Recoger, se usa cuando se cierran posiciones para garantizar *profit*.

GNP (Gross National Producto) Producto Nacional Bruto, incluye la producción de los *Estados Unidos* incluyendo a la realizada en el extranjero.

Gold Standard Patrón oro

GPU Procesador para gráfica. Maneja los cálculos necesarios para interpretar los gráficos.

Gravestone doji Un patrón de las velas *candles* donde el *close* está muy cerca del *open* y ambos están muy cerca del punto mas bajo *low*.

Grasp Agarrar, conseguir algo que se ha estado persiguiendo, lograr entender lo que se está analizando.

Greed Avaricia, glotonería, codicia. . .

Greenbacks Criptomonedas. Enfocada a las nuevas tecnologías.

Groestlcoin Criptomoneda. Ofrece el más simple algoritmo usado en el mercedo de las criptomonedas. El costo de transaciones es bajo.

GTC (Good Till Canceled Order) Se trata de una orden que sigue activa hasta que se de la orden de cancelarla.

G5 Los cinco cinco principales países industrializados del mundo, a saber: EE.UU., Alemania, Japón, Francia y el Reino Unido.

G7 Los siete principales países industrializados, *EE.UU., Francia, Alemania, Japón, Reino Unido, Italia y Canada.*

G10 Los países del *G7* agregandoles a *Suecia, Bélgica y Holanda*

GNP Gap Es la relación que existe entre el *PNB* real y el *PNB* potencial.

Hammer Un tipo de vela *candle* que se situa en un fondo *bottom* . La misma formación en el *top* se le llama *hanging man*. Tiene un pequeño cuerpo *body* y un rabo *tail* muy largo dirigido hacia abajo. Cuando aparece en el lugar adecuado suele indicar reversa o cambio.

Hanging man Ver. *Hammer*.

Harami   Una formación de dos velas *candles* que puede ser visto arriba y abajo en la gráfica, solo que invertidos. Se compone de una *candle* larga y una segunda *candle* pequeña contenida en la anterior. Indica cambio o reversa.

Hard currency   Moneda dura. Divisa. Cualquier moneda de las que conforman los pares principales. Moneda libremente convertible.

Hard drive   Disco duro que se encuentra en las computadoras. Los hay internos y externos. Se usan principalmente para almacenar información.

Hash   Función algorítmica que emite una dirección alfanumérica que organiza y protege la información. Garantiza de igual manera la inmutabilidad de una unidad de información, ocultar una contraseña o servir como firma digital. La tasa de *hash* o velocidad *hash rate* es la unidad de medida de la la fuerza y rapidez de la red Bitcoin.

Head & Shoulder   Cabeza y hombros. Formación de barras o velas *bars or candles* que se asemeja a una cabeza y dos hombros. Se muestra con tres picos a manera de montañas donde el del medio es mayor que los otros dos, implica que habrá reversa. Se usa en períodos largos *long trade* y en el mercado de acciones *stocks*.

Hedge   Cubrirse, protegerse contra algo, inversión para balancear en el caso que ocurra un movimiento adverso del precio.

Hedge funds   Fondo de inversión mutuo o inversión libre.

Hedging   Operación de cobertura

Help   Ayuda.

Highest   El más alto.

Hindsight   En retrospectiva, cuando se está observando algo que ya pasó. Se dice en el *Forex* que es fácil saber para donde iba a dirigirse el mercado después que ya pasó *hindsight*.

Histogram   Histograma. Una manera de tabular y graficar con el uso de columnas de diferentes tamaños, dibujadas a escala según el valor que representa cada una de ellas.

Hobbie   Pasatiempo, afición. El *Forex* debe verse como una profesión a tiempo completo o parte del tiempo *part time* pero no como un *hobbie*.

Holy Grial El santo cáliz, se menciona para señalar que no existe nada mágico ni seguro en el *Forex* como el *Holy Grial*, que nada puede pretender tener la verdad absoluta en este campo.

Hold Mantener una posición a pesar de lo que suceda en el mercado.

Hook Gancho, en el análisis del *Stockastic* cuando las dos curvas una vez llegado a la zona de sobrecomprado *overbought* y comienzan a descender, cuando las dos curvas están debajo del porciento límite de dicha zona se dice que están haciendo un *hook*, por la forma que adquieren.

Housing sales Indice de nuevas ventas de viviendas.

Housing starts Indice de nuevas construcciones de viviendas.

Hype Excesivo entusiasmo que puede llevarnos a cometer errores.

Hyperinflation Hiperinflación. Niveles excesivamente altos del nivel de inflación.

ICCH Cámara internacional de compensación del mercado de productos y futuros, con base en Londres.

ICO Oferta inicial de moneda. Forma de financiamiento colectivo *crowdfunding* que usa criptomoneda, donde una nueva empresa saca al mercado moneda digital para que la compren los inversores.

If and then orders Ver. *Then and If orders* , son órdenes condicionadas que se activan solo si se cumplen las condiciones prefijadas , si había mas de una condición quizá contradictoria con la otra , cuando se activa la primera orden se elimina la que quedó pendiente.

IFEMA *(International Foreign Exchange Master Agreement).* Acuerdo establecido con los mercados de divisas

IMF - FMI Fondo Monetario Internacional, establecido en 1946 para proporcionar liquidez internacional a corto y mediano plazo.

IMM *(International Monetary Market)* Bolsa de Chicago.

Implied volatility Es una medición de la variación de precios

Income Ingreso.

Income tax Declaración de impuestos en los *Estados Unidos*.

Inconvertible Currency Divisa que no tiene la capacidad de ser interrelacionada o cambiada con otras.

Indicative Quote Precio aproximado, no fijo de un mercado especifico.

Index Se refiere a índices estadísticos que miden entre otros los cambios en diferentes aspectos de la economía o el mercado financiero, frecuentemente expresados en porciento. Ejemplo de índices es el "Indice del Consumidor" o índices de monedas como el dólar, el euro etc.

Indicators Indicadores, son estudios que se utilizan para organizar la *data* pasada para tomar decisiones futuras mediante métodos matemáticos o geométricos, precisando movimientos, puntos de rebote *pivot points*, respiros *retracements*, proyecciones *projections*, etc. con vistas a aislar situaciones y tomar decisiones basadas en el análisis y las similitudes.

Inflation   Subida excesiva de los precios combinada en relación con el poder adquisitivo.

Info Quote   Tasa de cambio solo para información general.

Initial Margin   Depósito exigido por el corredor antes de que el cliente pueda concretar una operación, para estar cubierto en caso de que la posición sea adversa.

Interbank Rates   Precios cotizados por grandes bancos internacionales a otros de la misma categoría.

Interest Rate Risk   Riesgo de obtener pérdidas debido a las fluctuaciones del porciento de interés.

Inflation   Inflación, cuando hay mucho dinero y pocos productos.

Interest   Ver *Interest rates.*

Interest rates   Interés a que el país vende el dinero a los bancos.

Interest in account   Interés que se aplicó a tu cuenta por un *trade* determinado ya sea positivo o negativo.

Interface   Es un elemento de interconexión, término usado en el lenguaje cibernético. Nos permite conectarnos p.e. con el *brocker* por medio del teclado *keyboard*, tecleando instrucciones al sistema, las cuales logran mostrar y permitir nuestra interrelación con la plataforma que ofrece el *brocker*.

Interface customization   Ver. *Interface setting*.

Interface setting   Ajustes que se pueden hacer, p.e. en todo lo que muestra la pantalla del monitor de la PC. Quitar o poner cuadros, tablas, reseñas, cambiar el color, la intensidad, el espesor de los elementos, modificar tamaños, letras, etc.

Intertwining   Enredado, torcido.

Intervention   Cuando el Banco Central entra para influir en el valor de la divisa.

Intraday   Dentro del día, se dice cuando se hace *trading* después de la *4:59 PM Est.* y antes de las *5:00 PM Est.* Del otro día, sin dejar posiciones abiertas fuera de ese período.

Intraday traders Participantes en el *Forex* que entran y salen de sus posiciones dentro del día, sin dejar posiciones abiertas fuera de ese período. Ver *Intraday*.

IOM *(Index and Options Market)* Indice usado por la Bolsa de Comercio de Chicago.

IPI Índice de producción industrial.

I.Q. *(Intelligence quotient)* Coeficiente de inteligencia.

I.R.S. *(Internal Revenue Service)* El Servicios de Rentas Internas, organismo que se dedica a colectar los impuestos en los *Estados Unidos*.

ISDA *(International Securities Dealers Association)* Asociación constituida por los bancos para los agentes del cambio de divisa extranjera.

J Curve Se dice para identificar efectos esperados producidos por la devaluación en la balanza comercial. Prevé que aumentaran las importaciones al tiempo que disminuyen las exportaciones.

JPY (Japanese Yen) Moneda usada en el Japón. *Yen* japonés.

Keyboard Teclado.

Kilohashes / sec Los miles de *hash* posible en un segundo

Kiwi Se la llama coloquialmente al dólar Nueva Zelandia.

Knock In Cuando una opción se activa porque el mercado llego al precio establecido de entrada.

Knock Out Cuando una opción de cierra o se efectua, debido a que el mercado llego al precio establecido para el cierre de esa posición.

Korecoin Criptomoneda. Ofrece ser la única autentica moneda descentralizada y anónima.

KYC *(Know Your Costumer)* Se trata de un proceso mediante el cual los que hacen transacciones identifican al cliente o persona.

Lagging Indicators Indicadores que te sugieren el movimiento futuro del mercado, basado en d*ata* pasada.

Last motion La cantidad de movimiento que permite el mercado por encima de las zonas o líneas de cambio sin que eso defina un cambio de dirección de la tendencia del mercado.

Latium Criptomoneda. Pretende convertirse en viral con sus nuevos adelantos en algoritmos etc. Ha tenido un crecimiento sostenible.

Lay Off Transacción del mercado para emparejar una posición anterior al entrar con una posición contraria para balancear.

Leading indicators Indicadores que reflejan los cambios del mercado que han sucedido hasta el último dato.

Leads and Lags Adelantos y atrasos

Leverage Apalancamiento. Es un instrumento financiero que te permite manejar grandes cantidades de dinero con solo una porción disponible. En *Forex* es posible manejar *$10,000* con solo *$100*, mediante el uso del *leverage*. En el mercado de criptomonedas se consiguen tasas de apalancamiento de 2 a 5 veces la inversión en casas de cambio como Kraken o Poloniex.

LDC *(Less developed countries)* Los países menos desarrollados

Liability Obligación que ocurre en el mercado de divisas.

LIBOR *(London Inter Bank Offer Rate)* Interés del mercado interbancario de Londres para depósitos en dólares en el mercado londinense.

LIFFE *(London International Financial Futures Exchange).* Mercado de futuros de Londres.

Limit Order *(Reserved Day Trading Deal)* Orden a partir de un precio predeterminado para efectuar un Contrato, por un periodo señalado.

Likehood Probabilidades.

Liquidity Liquidez, habilidad del mercado de aceptar operaciones sin demoras, en el Forex las transacciones son virtualmente instantáneas gracias a la liquidez de los principales pares de monedas.

Liquidation Transacción que iguala o cierra una posición establecida.

Litecoin entrevista, el oro y el bitcoin se prestan más para ser más aplicados como Charlie Lee, fundador de Litecoin, compara Bitcoin y Litecoin con el oro y la plata en el mundo de las criptomonedas. No solo por sus equivalencias con respecto a su valor en el mercado, sino por la utilidad que le suele dar la gente. Según la explicación de Lee en una inversiones a largo plazo y adquisiciones costosas, mientras que la plata y el Litecoin brinda una mayor fluidez, siendo más prácticos para sus usuarios en las compras cotidianas. Entre las principales ventajas que ofrece Litecoin ante otras blockchains podemos mencionar: su velocidad(genera bloques cada 2 ½ minutos, reduciendo el tiempo de confirmación de cada transacción), su liquidez (con un límite de producción de 84 millones de monedas en total), y sus bajos costos por transacción (uno de los más económicos en el mercado de las criptomonedas actualmente).

Lock Bloquear, se usa para proteger la entrada o salida de la plataforma por un extraño.

Una vez que se sale para volver a entrar es necesario disponer nuevamente del código o el password de entrada.

Log   Registrarse, entrar en un determinado sitio donde se requiere algún trámite o permiso. Ver *log in* y *log out*.

Log in   Entrar en un sistema. Acción de conectarte con el *brocker* a través de tu *PC*. Habilidad de entrar en el sistema. Generalmente se necesita un código o *password*.

Log out   Salir de un sistema. Acción de desconectarte del *brocker* a través de tu *PC*. Habilidad de salir del sistema.

Long   En un mercado donde el precio está subiendo sostenidamente, cuando se entra comprando una posición se dice que "entré *long*, lo contrario sería "entré *short*".

Long position   Cuando la posición abierta ya sea *long* o *short* se va a mantener por mucho tiempo, períodos largos como semanas o meses incluso años.

Long term traders   Participantes del *Forex* que mantienen posiciones períodos largos. Ver *long position*.

Loonie (Canadian dollar) Dólar canadiense.

Lot Lote, es una unidad de medida de una cantidad acordada de unidades. En *Forex* un lote *lot* es igual a *10,000* unidades, un mimi-lote *mini-lot* es *1,000* unidades, hay plataformas que admiten lotes aún más pequeños, los micro-lotes *micro-lots* que son equivalente a *100* unidades.

Lower-back support Soporte para la baja espalda que tienen ciertos asientos. Estos soportes pueden ser fijos a las sillas o separados para ser usados como aditamentos, son muy necesarios para personas que dedican un tiempo considerable a trabajar en la computadora.

Lower bound Ver *Bound lower*.

Lowest El más bajo.

MACD *(Moving Average Convergence Divergence)* Es un indicador basado en dos curvas de *Exponential Moving Average* y en ocasiones de un *Histograma*. Fue desarrollado por *Gerald Appel* y se pronuncia **macdí** como suenan sus iniciales.

Está considerado como *lagging indicator* , porque ofrece señales atrasadas aunque muy seguras.

MACRO *(Messy and Confusing Repeated Operations)* Recurso que ofrece el programa Excel para facilitar y automatizar operaciones complejas.

Major Currency Pairs Pares de monedas principales tales como el *EUR/USD, GBP/USD, USD/JPY* y otras.

Make a Market Cuando un operador pone precio de venta y de compra de algún producto del mercado.

Managed Float Cuando las autoridades intervienen para manipular los tipos de cambio.

Margin Margen, es la cantidad de capital que un *brocker* exige de reserva para abrir una posición. En acciones *stocks* etc. si el capital amenaza con quedarse corto el *brocker* te hace una llamada pero en el *Forex* automáticamente la plataforma del *brocker* liquida tus posiciones sin previo aviso.

Margin call Llamada de aviso que hace el *brocker* solicitando mas capital antes de cerrarte tus posiciones, en *Forex* es diferente, te cierran las posiciones automaticamente. Ver *Margin*.

Marked to market Ajuste de un mercado especifico.

Market Value Valor de mercado.

Marketing Mercadotecnia, mercadeo, mover mercancías y servicios de un proveedor a un consumidor.
Marketplace Mercado.

MasterTraderCoin Criptomoneda. Ofrece a los clientes la posibilidad de recibir pagos inmediatos con precisión.

Maturity Liquidación de una operación a la fecha de vencimiento acordada.

Megahashes / sec Los millones de *hashes* o miles de *Kilohashes* en un segundo.

METACOIN Son monedas que utilizan la cadena de bloques de Bitcoin, pero con sus propios códigos.

Microtransacción Pago mediante el uso de Bitcoins para un bien o servicio.

Minning Acto de resolver un bloque, validando todas las transacciones que contiene.

Minning Bitcoin. Mineria Bitcooin. Es el proceso de realizar cálculos matemáticos mediante computadoras para confirmar las transacciones en la red Bitcoin e incrementar la seguridad. Como recompensa por sus servicios, los mineros Bitcoin pueden cobrar los costos de transacción de las transacciones que confirman junto con bitcoins nuevos que se crean en cada bloque. La minería es un mercado especializado y competitivo en el que los beneficios se reparten de acuerdo a la cantidad de cálculos que se hacen. No todos los usuarios de Bitcoin realizan minería y no es una manera fácil de hacer dinero.

Mining Pool Agrupación de dos o más mineros que juntan su poder de cómputo para elevar las posibilidades de resolver un bloque y obtener una recompensa.

Millon Es lo mismo para los Anglos como para los hispanos, 1,000,000 Ver. Billion

MITI Ministerio de Comercio Internacional e Industria del Japón

Mixer Servicio que mezcla los bitcoins de dos o más individuos.   Evita o disminuye la posibilidad de rastreo de Bitcoins.

MM Mercado monetario.

Modem card   Dispositivo portátil que te permite conectarte al *Internet* por satélite aún cuando viajas.

Momentum   Como indicador es un oscilador diseñado para medir la razón de cambio en el precio de un par de monedas y no el precio actual. Se ve también como una manera de mostrar suavizada una secuencia de precios. El estudio de tales variaciones da ventajas a los que hacen *trading*. Se basa en la diferencia entre el *close* de hoy y el *close* de días anteriores de un período dado.

Momentum trader   Define a los *traders* que hacen operaciones oportunas con los osciladores de *momentum* dentro de la semana es en cierto modo similar a los *Swing traders*.

Money Supply Cantidad de dinero que existe en una econimia determinada

Monero Criptomoneda muy difícil de rastrear. Muy segura y privada.

Monday   Lunes.

Monthly Mensual.

Morning Doji Star Una formaciín de tres velas *candles* en la cual la intermedia es un *doji*. Ver *doji*.

Mount Gox Comúnmente tambien llamado Mt. Gox, es uno de los primeros exchange de bitcoins. Radica en Japón desde el 2010 y fue ideado por Jed McCaleb.

Moving Average Es un indicador que muestra un precio promedio de un par de monedas en un período de tiempo. En ocasiones se les denomina como Medias Moviles. Se ve también como una manera de mostrar suavizada una secuencia de precios, desapareciendo virtualmente los precios fuera de serie *outstanding*.

Moving Average Crosses Donde se cruzan dos curvas de diferentes *moving averages*.

Mutual fund Fondo mutual. Inversión basada dn una variedad de activos que balanceen el resultado, con vistas a evitar sorpresas negativas.

M0 Circulante en efectivo de moneda local en Inglaterra.

M1 Circulante sumado a los depósitos disponibles. Ese término es usado en varios bancos.

M2 Circulante más, depósitos estándares, depósitos a plazo fijo y Fondos Mutuos depósitos a plazo fijo y fondos mutuales. No incluye los depósitos fijos o *CD's*.

M3 Es el M1 más los depósitos a plazo fijo de todos los sectores. Término usado en la Gran Bretaña.

M4 El M2 más los certificados de depósito. Término usado en los EEUU.

Namecoin Altcoin que funciona como alternativa al sistema de nombre del dominio (DNS por sus siglas en inglés).

Nap Siesta, algunos autores como *Bill Williams* usa esta palabra para describir *moving averages* entrelazados haciendo un canal, antes de definir una nueva tendencia.

Neck line Línea que une los dos puntos extremos de un patrón *double top* o de un *double bottom*, se usa como indicador para entrar en el mercado. Generalmente se usa en posiciones medianas o largas.

NEM Una criptomoneda que actualmente, posee un valor muy bajo.

NFA (National Futures Asociation) Asociación Nacional de Futuros, organización reguladora de la industria de Futuros, fue diseñada por la *(CFTC)*. Ver *(CFTC)*.

Night owl Se denomina de esa manera a los trasnochadores, en *Forex* a los que hacen *trading* de madrugada cuando entra *Londres* al mercado.

Nitty-gritty Ir al grano, no andar con rodeos, ir al meollo de algo.

Nodo Ordenador conectado a la red Bitcoin que transmite transacciones.

Non Farm Payroll Indice de empleos en *EE.UU.* sin considerar los trabajadores agrícolas.

Not Held Basis Order Orden de compra o venta al mejor precio posible. A riesgo del comprador sino se efectua la operación a tiempo.

Notes Notas bancarias, obligaciones bancarias en un período de tiempo.

Nushares Criptomoneda. Creador Jordan Lee en el 2014. Ofrece menos volatibidad que el Bitcoin.

NYSE *(New York Stock Exchange)* La bolsa de *New York* en *Wall Street*.

NXT Criptomoneda. Conocida como Nextcoin. Relativamente nueva.

OCO *(One Cancel the Other)* Una orden que al efectuarse suspende la otra, por ejemplo, comprar *buy* si llega a un nivel deseado o vender *sell* si por el contrario baja a un nivel deseado, cualquiera que se active primero elimina automáticamente la orden pendiente.

Odds Probabilidades.

Off-shore Término usado en *EE.UU.* para calificar cualquier organización financiera con su directiva radicando fuera del país, p.e. con domicilio legal en *Bahamas, Gran Caimán* , etc.

Office supply Suministros de efectos de oficina.

Offset   Balancear, equilibrar.

Online   En línea a través de la red, a través de la *Internet*.

On the spot   En el lugar, en el mismo sitio...

One Cancels Other Order   Ver O.C.O.

Open position   Una posición que se mantiene abierta.

Option   La opción es un contrato que adquiere el derecho pero no la obligación de comprar o vender lo acordado a cierto precio y en un tiempo limitado. Si se efectúa la compraventa es señal que el mercado fue a tu favor obteniendo ganancias, si cancelas solo pagas los honorarios de haber tenido ese contrato *ticket price* reduciendo de ese modo las posibilidades de grandes pérdidas.

Option Class   Tipo de opción

Option Series   Serie de opciones de la misma clase y determinación.

Order   Generalmente es una orden de un participante al *broker* para ejecutar una transacción. En *Forex* generalmente es a través de la plataforma directamente.

Order cancelled   La *limit order* fue cancelada según tus requerimientos.

Order cancelled (BV)   Orden cancelada por ejecutar los bordes del *Box option*. Se conoce por violación de los límites *bound violation*.

Order cancelled (NSF) Orden cancelada por insuficiencia de fondos.

Order expired La *limit order* expiró.

Order Filled La *limit order* se activó.

Oscilators Osciladores, son indicadores que miden cuando el mercado está sobrevendido o sobrecomprado *oversold & overbought* , así como la velocidad del movimiento del precio. Un ejemplo es el *Stockastic, el RSI,* el *Awesome oscilator* , etc. generalmente fluctúan entre *0% y 100%* .

OTC (Over The Counter)   Con disponibilidad inmediata, sin restricciones, como el *Forex* es un mercado global e interconectado, siempre está dispuesto a realizar una operación, por eso se considera como un mercado al menudeo *(OTC)*.

Outcome Resultado.

Outlier Fuera de grupo, p.e. en una gráfica de barras, una que se sale del grupo, que es diferente al promedio.

Overbalancing Se usa cuando la corrida *rally* ha excedido en términos de *precio y tiempo* a la corrida *rally* anterior. Es un indicador de cambios de tendencia que aplica la teoría de *Gann*. Cuando aparece una barra enorme y rápida se dice que el precio se adelantó al *tiempo*, pudiera ser que le sigan algunas barras interiores *inside bars,* hasta balancear el *precio* con el *tiempo.*

Overbought Sobrecomprado, el mercado ha ido muy lejos en el aumento de precio, deberá corregirse con un retroceso *retracement,* el precio debería comenzar a bajar pues los *traders* comenzaran a vender.

Overhelming Aplastante.

Overlay Se refiere a los indicadores, líneas *trendline*, etc. que se aplican sobre las gráficas, curvas, etc. como capas, superpuestas.

Overloock Pasar por alto.

Overnight position Posición que pasa de un día para el otro.

Oversold Sobrevendido, el mercado ha ido muy lejos en la disminución de precio deberá corregirse con un retroceso *retracement*, el precio debería comenzar a subir pues los *traders* comenzaran a comprar.

Pair Generalmente se refiere a un par de monedas que se interrelacionan mediante una razón de cambio como p.e. *GBP/EUR*. En un par de monedas si la primera es la *base* se compra, la segunda *quote* se vende. Ver Base. Ver quote.

Pair of Currency Ver Pair.

Paper trading Es hacer *trading* sin nunca haber dinero físico, solo en papeles.

Parabolic Stop-and-Reverse *(SAR)* Indicador que se basa en recomendar un *trailing stop* y sugerir *Stop and Reverse* cuando es necesario. Ver *trailing stop*.

Parity Paridad, es el valor relativo de una moneda respecto a otra

.Password Código o número secreto para accesar a algo.

Pattern Patrón. Configuraciones geométricas que forman las velas, pero en especial las barras, que sirven de señales para predecir lo que ocurrirá después con el mercado. Estos patrones son muy útiles y las figuras mas conocidas son las *flags, head and shoulder, pennants,* etc. Ayudan principalmente a *traders* que se posicionan períodos prolongados, aunque algunos como los *flags* suelen ser usados en períodos cortos con bastante eficiencia.

PC *(Personal Computer)* Computadora u ordenador personal.

Peak Pico, p.e. horario pico *rush hours*.

Peak session Julio y Agosto se les conoce con esa denominación.

Peercoin Ver PPCoin.

Pendant Un tipo de patrón similar a una bandera triangular.

Personal income Entrada de dinero personal.

Personal outlays Gastos personales.

Petro Criptomoneda. Cuyo símbolo bursátil su sigla es PTR es una criptomoneda o moneda digital venezolana basada en la tecnología de la cadena de bloques respaldada por el petróleo, oro, diamantes y gas venezolano. Hasta el momento cada Petro estaría respaldado por un barril de petróleo de la cesta de crudo venezolano. Se trataría de una moneda parcialmente preminada con futuras emisiones minables

PH Coin Criptomoneda. Fue introducida por el sistema monetario de Filipinas. Es fácil de efectual pagos con ella en el país de emisión y ha crecido al ritmo del Bitcoin.

Pie chart Gráfica circular donde las partes generalmente porcientos representados adquieren la forma de sectores o triángulos parecidos a las porciones de un pastel.

Pinpoint Precisar, determinar.

Pip *(Porcentage in points)* Mínima unidad de precio en que varía el valor de un par de moneda.

Pit Similar a *Pip*. También se conoce por *Pit* al área donde se hace *trading* en opciones.

Pit falls Peligro, caída, desplome.

Pit traders   *Traders* que entran y salen mucho en un mercado, con el método de pica y huye.

Pivot Point   Un artificio, una relación, un promedio de aspectos del precio en un período de tiempo, matemáticamente es el promedio de la suma del *open*, *low* y *close* de un período de tiempo.

Pivot Point System   Sistema basado en el *Pivot Point* o punto de pivote, que es tan usado mundialmente que logra ser eficiente debido al *Self-fullfilling Prophesy*. Ver *Sell-fullfilling prophesy*.

Plot   Plotear, graficar, trazar.

Point and figures   Un estilo de gráfica basado en X y en O, pero que no tiene en cuenta el tiempo. No es importante en el *Forex*.

POS (*Proof of Stake*)   A diferencia de POW, POS propone validar transacciones no con un poder de cómputo sino con la cantidad de unidades que poseas de una criptomoneda en específico.

Position   Entrar en el mercado, ya sea *buy* o *sell* y mantener esa posición abierta.

Position traders *Traders* que mantienen sus posiciones mucho tiempo, digamos meses.

***POW** (Proof of Work)* Es un tipo de trabajo que realiza un cliente, que por lo general es la realización de un cómputo en un ordenador, ese trabajo es verificado en el servidor.

Power attorney Poder legal asignado a alguien.

***PPCoin, Peercoin** (code: **PPC**)* Es conocido como PPCoin y Coín Peer-to-Peer es la primera criptodivisa basado en una implementación combinada de proof-of-stake (PoS)/proof-of-work system (PoW).[El símbolo monetario, es ₱. La sigla es PPC. Este sistema permite que la verificación de las transacciones sea más sencilla que la que regularmente se utiliza, proof-of-work, que se basa en algoritmos complejos que hacen que la computadora trabaje más.

PPI Índice de precios al por mayor.

Prime Rate Precio preferencial.

Private Key Llave privada, es una serie de datos secretos necesaria para utilizar los Bitcoins que se almacenan en los llamados Monederos mediante identificación o firma Criptográfica. Las claves privadas se deben mantener a resguardo para evitar sean usadas por personas inescrupulosas.

Profit Ganancias, beneficios.

Profit/loss (P/L) Beneficio/pérdidas.

Profit taking Cuando se cierra una posición para sacar las ganancias.

Pull away Se aleja de.......

Pull back Retroceder, cuando el mercado respira, cuando hace una corrección, para luego reincorporarse al flujo del mercado en el mismo sentido que traía antes se hizo un *pullback*. *Pullback* básicamente es una corrección. Ver *retracement*.

Pull over Se aparta, apartarse.

Pump Subida sustancial del valor de una criptomoneda, en un periodo corto de tiempo.

Put Call Parity Compra y venta equilibradas de opciones de igual configuracion.

Put Option Opción de venta de una opción

P2P Sistemas que trabajan como una organización, permitiendo que cada individuo parte o persona interactúe irectamente con otros sin intermediarios.

Quartely   Trimestre, trimestralmente.
Quit   Parar, cerrar, etc. Se usa cuando se quiere salir de una plataforma. *Log - out*.

***RAM** (Random Access Memory)*   Memoria operativa que usan las *PC's*. Si los archivos *files* que contiene el disco duro *hard drive* fuera el mueble archivo *file cabinet*, el *RAM* sería los archivos *files* que pudieran estar encima de nuestro escritorio, marca la capacidad de trabajar al mismo tiempo con diferentes archivos.

Range   Rango, en un período de tiempo representado por una barra *bar* o una vela *candle* hay un punto mas alto *high* y uno mas bajo *low*, la diferencia entre el *high* y el *low* es el rango *range*.

Range market   Cuando el mercado se mueve de lado, entre un soporte y una resistencia se dice que se está moviendo en un rango, se le denomina mercado de rango *range market*. También se le llama *bracket market*. Ver *bracket market*.

Rally Se dice está ocurriendo un rally, cuando el mercado hace un movimiento hacia arriba después de haber retrocedido o respirado o se ha movido de lado. En ocasiones le llaman *rally* al margen de que el mercado sea *bull* o *bear*.

Rate Razón, tasa, p.e. Tasa de cambio.

Reaction La reacción *reaction* es lo contrario a *rally*. Ver *rally*.

Realized Darse cuenta, cerrar una una posición para hacer *profit*, llevar a cabo.

Realized gain/loss Ganancia o pérdida actual, es el resultado de la diferencia entre el *open* y el *close*.

Real body Cuerpo de la vela *candle*.

Real time A tiempo real, en vivo, en ese momento.

Recession Recesión. Cuando los valores del mercado caen consecutivamente en relación con el Producto Nacional Bruto, consecutivamente dos trimestres seguidos.

Reserve Currency Divisa en reserva del Banco Central para garantizar la fluidez. Suele ser en Dolares americanos, Euros o Libras esterlinas.

Reserve Share Criptomoneda. Está basada en pruebas reservadas de los bloques mediante un método generacional. Método único de codificación que la hace segura y confidencial.

Retail sales Ventas al detalle.

Retracements Cuando un mercado que avanza en un sentido retrocede para respirar, se dice hizo un *retracement* o un *pullback*. Ver *pullback*.

Resistance Resistencia, nivel de resistencia, zona de resistencia, se dice de un techo virtual que encuentra el mercado donde al no poder continuar subiendo cambia de dirección. Muchos indicadores se basan en que el mercado encuentra resistencia en un tope cuando está sobrecomprado *overbought,* provocando un rebote hasta llegar a una zona contraria en el fondo llamada soporte , donde al estar en ese caso sobrevendido *oversold* provoca nuevamente un rebote para dirigirse a la zona de resistencia y así sucesivamente.

Reuter Dealing Sistema para transacciones en computadoras u ordenadores, 1980. Después de algunos perfeccionamientos hoy es conocido por Dealing 2000.

Revaluation Revaluación en positivo de una moneda debido a la participación del gobierno del país en cuestión.

Reversal patterns Patrones de reversa, los patrones que forman un grupo de barras o velas que sugieren una reversa p.e. el *double top*, el *morning doji star*, etc. Ver *double top*. Ver *morning doji star*.

Ripple Es una moneda preminada, lo que significa que no es una buena opción para ningún inversor, por no mencionar que ha perdido más de su 90% de capital de mercado en los dos años pasados.

Risk Riesgo, cuando se habla de riesgo en *Forex* se refieren a la relación entre lo arriesgado contra lo que se aspira a ganar. Se recomienda arriesgar menos de lo que se pretende ganar p. e. *2:1*.

Risk to reward Relación entre el potencial de ganancias versus el potencial de pérdidas. Ver *Risk*.

Rollover Cuando una posición abierta se deja hasta el próximo día se ha hecho un *rollover*. Esto trae implícito un costo según el % de interés de cada moneda y será positivo o negativo en función de si ocurrieron ganancias o pérdidas.

RSI *(Relative Strenght Index)* Se conoce como *RSI*, es un indicador que se usa para determinar cuando el mercado está sobrevendido o sobrecomprado y para determinar la dirección del mismo.

Samcoinc Moneda digital generalmente no sustentada en blockchain cuyo esquema financiero es fraudulento.

Same day transaction Cuando la transacción se realiza entre las *4:59 PM Est.* del día anterior y las *5:00 PM Est.* del día actual.

Satoshis Unidades de bitcoin.
En un momento determinado por ejemplo:
1 Bitcon es igual a 100,000,000 de Satoshis

Satoshi Nakamoto Pseudónimo utilizado por quien o quienes desarrollaron el protocolo de Bitcoin. 2010.

Saturday Sábado.

Save Se usa para señalar la operación de salvar o guardar un documento o información, generalmente realizado en una *PC*.

Selling Rate Tasa de venta

Scale Escala. *P.e. una gráfica hecha a escala 1 día = 1 centímetro.*

Scale out Cuando se mueve el *trailing stop* o simplemente el *stop loss*, según el mercado avance a tu favor para proteger las ganancias o disminuir la posibilidad de gandes pérdidas.

Scaling out Ver *Scale out*.

Scamcoin Criptomoneda no garantizada para los *blockchains* cuando hay o se detecta algún tipo de fraude.

Schedule C Parte de la documentación que se llena en las declaraciones de impuestos de las corporaciones *C* en *EE.UU*.

Scrypt Algoritmo criptográfico empleado por *Litecoin*

Securities Valores, acciones *stocks*, bonos *bonds*, certificados de depósito, etc. Los pares de monedas son clasificados como *securities* por la *Chicago Mercantil Exchange*.

Self employee Empleado por cuenta propia.

Self-fullfilling prophecy Logro de un resultado en base a una retroalimentación de predicciones. Cuando una señal digamos arbitraria se convierte en verdadera por su uso generalizado. Profecía autocumplida.

Sell box Reventa de una *Box option* antes de su expiración. Ver *Box option*.

Segwit Implementación y actualización de los nodos internos en la cadena de bloques del Bitcoin.

Sell off Liquidar, liquidar una posición.

Sell order Una orden de *sell limit* , al precio pre-establecido.

Sell market Una order de *sell market order*, al precio actual.

Sell market filled Una *sell entry order* al precio actual cuando fue ejecutada.

Sell limit Vender una posición cuando llegue a un límite pre-determinado o superior para entrar en el mercado *short*. Lo contrario es *Buy limit*.

Sell stop *Vender al precio actual.*

Sentiment *Sentimiento, opinión, algo en que se cree, tengo la sensación de que...*

Settlement Date Fecha acordada para la liquidación de una posición.

Setting Ajuste p.e. en le plataforma aparece el *moving average,* allí se ajustan los períodos, el tipo de *moving average,* los colores de la o las curvas, el grosor de las líneas, en fin arreglar o ajustar con características particulares.

Set up Arreglar, ordenar, organizar con ciertas características.

Sentiment Sentimiento, opinión, algo en que se cree, tengo la sensación de que...

Scroll Movimiento en alguna dirección del cursor para mover una página en la pantalla de la *PC*. Puede ser en cualquier dirección, siendo las más usadas, *scroll up* hacia arriba, *scroll down* hacia abajo, *scroll right* hacia la derecha, *scroll left* hacia la izquierda.

Shadow Sombra, así también se le llama al rabo de las velas *candles*.

Shift Cambio.

Shooting star Patrón de una sola vela *candle* que tiene un cuerpo *body* muy pequeño y un rabo *tail* grande hacia arriba. Si sucede en *uptrend* es señal de reversa.

Short Se dice cuando no apuesta hacia abajo, a que el precio declinará, normalmente se le vincula a la posición de vender *sell*.

Short positions Una posición que apuesta a que el precio disminuirá, irá hacia abajo en la gráfica, usualmente es más beneficiosa en mercado *bear*.

Short sale Entrar en una posición vendiendo *sell*, con el propósito de cerrarla *buy* cuando el precio baje, obteniendo ganancias de la diferencia.

Short term traders Cuando las posiciones se mantienen por poco tiempo, horas, minutos

Signals Señales, instrumentos que te alarman sobre situaciones en el mercado que son de tu interés para la toma de decisiones.

Silk Road Mercado en línea (ubicado en la Deep web) utilizado para la compra de productos ilícitos y en la cual, la principal forma de pago fue el bitcoin. Fue cerrada a finales del año 2013 luego de que el FBI arrestara a su propitario, Ross Ulbricht.

SITC *(Standard International Trade Classification)* Vía de información de estadísticas relativas al comercio, de manera estándar.

Slow Stockastic Es un *Stockastic* ajustado a períodos cortos p.e. *8 y 5*, se usa preferentemente para *long term*.

Slip Resbalón. Ver *Slipage*.

Slipage Se refiere a una especie de resbalón que ocurre cuando el precio se mueve demasiado rápido, quizá por alguna noticia y por ejemplo pasa por el valor del *stop loss* sin activarlo por lo rápido del movimiento, hasta mucho después. A esa diferencia indeseada se le conoce por *slipage*. Hay *brockers* que asumen esas pérdidas completa o parcialmente otros ni la tienen en cuenta, por eso es importante conocer la política del *brocker* acerca de este fenómeno.

Smart TV Televisor que se conecta al *Internet*. Televisor inteligente.

SOFFEX En Suiza se conoce a las operaciones de compra y venta de opciones y futuros.

Soft Market Mercado débil

Software Se dice de los programas que se instalan en las *PC's* se conoce por aplicaciones.

Sold out Vendido, agotado.

S & P *(Standard & Pool)* Índice que recopila información de las *500* compañías de los *EE.UU.*, con vistas a facilitar la evaluación y el análisis del mercado.

S & P e-mini *(Estándar & Pool mini)* Mini contratos de *S & P*.

Spanglish Una mezcla del español y el inglés. Se produce cuando hablando español no se puede prescindir del uso de algunos vocablos en inglés, p.e. *"se colocó el stop loss a 30 Pips por debajo del mínimum low de los últimos 3 días".*

Speaker phone Amplificador que usan los teléfonos para establecer una conversación sin el uso de las manos.

Speculator Especulador, el que adquiere algo con el propósito de obtener ganancias al venderlo a un precio superior.

Spike   Pico, subida de precio pronunciada.

Spinning   Rotando, girando, patrón de vela *candle* que implica indecisión.

Spinning top   Patrón de vela que presenta un cuerpo pequeño y un rabo en ambas partes. Representa indecisión entre los *traders*. *Spinning* significa literalmente giro.

Spot market   En *Forex* es cuando la operación es ejecutada al momento, lo que se conoce como *over-the-counter*, o sea con disponibilidad instantanea.

Spot price   El precio con que se ejecuta una transición en el *Forex,* en el *spot market*. Ver *spot market*.

SPV   Verificación de pago simplificada. Elemento presente en el protocolo Bitcoin el cual dicta que los nodos verifican cada operación haciendo uso de las cabeceras de los bloques.

Spread   La diferencia entre el precio de venta y el de compra en un producto del mercado. Generalmente representa las ganancias del *brocker*.

Square Cuadrado, cuando el precio y el tiempo coinciden en escala, cuando estan balanceados, cuando están cuadrados. Significa un balance en el número de puntos o unidades de precio con igual número de puntos o unidades de tiempo.

Square the Range Balancear o cuadrar el precio con el tiempo en función del *range*.

Square the High Balancear o cuadrar el precio con el tiempo en función del *high*.

Square the Low Balancear o cuadrar el precio con el tiempo en función del *low*.

Stable Market Mercado estable

Stagflation Recesión con altas tasas de inflación.

Standard deviation Desviación Estándar, es una medida de estadística del grado en que un valor fuera de serie tiene influencia en un grupo de valores similares.

Standard and Poors (S&P) Organismo de evaluación de la salud financiera de los EEUU. Analiza las 500 companias más importantes de los EEUU para ofrecer un índice confiable y es conocida por *S&P 500*.

StarCoin Criptomoneda. Disenada para soportar las multitudes de manera segura.

Stellar Es un protocolo para intercambiar monedas según su valor. Su creador fue Jed McCaleb y Joice Kim.

Sterling Nombre coloquial de la Libra Esterlina *sterling pound (GBP)*.

Sterlingcoin Criptomoneda. Ofrece el método más eficiente. Hace fácil el intercambio inter criptomonedas. Incorpora los algoritmos para mineros.

Stock Acción, acción de una entidad en el mercado de valores.

Stockastic Indicador que define en porcientos las áreas de sobrecomprado y sobrevendido. Fue diseñado por *George C. Lane.* Compara el precio de un período específico con el rango de períodos pasados.

Stock exchange La Bolsa, lugar donde se comercian las acciones. *Wall Street.*

Stone Se usa para describir la frase *"Escribir en piedra"* que significa algo inamovible, indeleble, una verdad absoluta.

Stop buy Comprar al precio actual.

Stop limit order Orden de ejecutar una entrada o salida del mercado a un determinado precio o uno mejor.

Stop loss Señal u orden de cerrar una posición si el mercado se vira en nuestra contra. Si es muy conservadora, pequeña, provoca salidas del mercado prematuras y si es demasiado amplio pudiera ocasionar eventualmente pérdidas considerables si el mercado se vira en tu contra.

Stop loss order Ver. *stop loss*.

Stop profit Cerrar una posición para sacar ganancias o *profit*.

Stop & reverse Acción de cerrar una posición y abrir una nueva en sentido contrario. Un ejemplo sería si he comprado *buy* y el mercado se vira, pues cierro *sell* y entro de nuevo hacia abajo vendiendo nuevamente *sell*, casi al unísono.

Stop sell Ver *sell stop*.

Straddle Compra y venta de opciones idénticas al mismo tiempo.

Striving Rotando, girando.

Struggle Forcejeo, lucha.

Sunday Domingo.

SuperCoin Criptomoneda. Usa el sistema X11 y anuncia la introducción del nuevo desalrrollado p2p. Es descentralizada y fácil de ejecución.

Supply & Demand Suministro y demanda.

Support Soporte, nivel de soporte, se dice de un fondo o piso virtual que encuentra el mercado, donde al no poder continuar bajando, cambia de dirección.

Swap El término, significa normalmente permuta pero en el mercado indica la compra y venta simultáneamente un mismo activo, en dos periodos distintos.

SWIFT Sociedad para la Telecomunicación Financiera Internacional. Los bancos lo usan para sus transferencias.

Swissy (USD/CHF) Par conformado por el dólar americano y el franco suizo.

Swing Cambio, viraje, rebote.

Swing bottom Algunos autores se refieren al punto mas bajo de una corrida como *Swing*

Bottom, otros lo llaman *Fractal*, es donde el precio alcanza un valor mínimo y rebota cambiando de dirección el mercado.

Swing chart Ver *trend indicators*.

Swing top Algunos autores se refieren al punto mas alto de una corrida como *swing top*, otros lo llaman *fractal*, es donde el precio alcanza un valor máximo y rebota cambiando de dirección el mercado.

Syscoin Criptomoneda. Usa Script algoritmo. Ofrece hacer más viable las transaciones de usuario a usuario de una manera segura y confidencial.

Tail   Rabo, nombre con que se define a la línea de ciertas velas o *candles*, entre el cuerpo y los extremos. Algunos autores le llaman *shadow*.

Tangle Protocolo descentralizado como alternativa a blockchain conocida como Gráfico Directo Acíclico (DAG) en el que una transacción requiere de otras dos transacciones para ser confirmada.

Take profit Cuando se activa una orden para una posición para obtención de profit.

Target Diana, meta propuesta para la obtención *de profit*.

Tax Impuesto.

Taxable Relativo a impuesto. Ver Tax.

Tax bracket Porcentage aplicado a cada individuo en específico para calcular la cantidad que deberá pagar de impuestos según sus entradas y sus características personales. A mayor entrada mayor *bracket* por el que serán calculado los impuestos.

T-bill Documento financiero del tesoro de Estados Unidos.

Technical análisis Análisis técnico de la acción del precio en el mercado. Estudia acciones pasadas e intenta predecir comportamientos futuros.

Test Probar, se usa como alcanzar algo, aproximarse a algo, hacer intentos de aproximarse a algo o a algún nivel p.e. un precio que llega a un nivel, y rebota, vuelve allegar al mismo nivel o muy cerca , rebota nuevamente, vuelve a alcanzar esa zona anterior y una vez mas rebota , , , se dice que el precio *esta probando ese nivel*, en ingles, está *testing the price*, a veces se escucha aunque mal dicho *está testeando ese nivel*.

Text messages   Textos generalmente escritos y enviados a través de la *red* telefónica móvil. Mensajes de texto.

Thumb rule   Se refiere a cuando los niños se amarraban un hilo al dedo pulgar para recordar algo específico. Lo he visto en muchos libros refiriéndose a alguna regla que por su importancia se debe recordar.

Then and If orders   Dos órdenes simultaneas que se ponen en las plataformas en diferentes direcciones para que una vez que se active la primera se desactive la segunda.

Thin Market   Mercado de escaso volumen.

Thread   Significa hilo en español pero en el entorno de las criptomonedas o trading en general es algo parecido a un Fórum en línea donde participan diferentes personas para hacer preguntas, hacer sugerencias, etc.

Thumb rule   Se refiere a cuando los niños se amarraban un hilo al dedo pulgar para recordar algo específico. Lo he visto en muchos libros refiriéndose a alguna regla que por su importancia se debe recordar.

Thursday   Jueves.

TIBOR   Precios de interés interbancario de Tokio.

TIFFE   *(Tokyo International Financial Futures Exchange)*. Mercado de futuros de Tokio.

Tick   Medida mínima del cambio de precio. En *Forex* se conoce como *Pip*.

Tigh spread   Costo de operación mas bajo posible.

Timming   Lograr escoger el mejor momento para tomar una decisión.

Tips   En general en los libros, artículos o publicaciones significa consejo o recomendación.

Time-frame   Intervalo de tiempo que se selecciona para hacer *trading,* mensual, semanal, diario, son algunos de los que se pueden seleccionar, así como *30* minutos, *5* minutos, etc. p.e. en un *time-frame* diario habrá *24* barras *bars* horarias y así sucesivamente.

Timeframe   Ver *time-frame*.

Top Tope. En general se refiere a un nivel de resistencia en el precio. Cuando un mercado aumenta su precio hasta una zona donde rebota y comienza a devaluarse se dice que llegó a un techo virtual a una zona de resistencia. Lo contrario es *bottom*.

TOR Protocolo de enrutamiento anónimo, usado para entrar en internet sin que conozcan tu identidad, ya que hace cambios constantes imposibilisando que puedan rastrear tu movimiento en la red.

Token Ficha semejante a una moneda que se usa como valores en sitios y establecimientos particulares. Se usa también como *"de la misma manera"*.

Trade Comercio de bienes y servicios entre entidades, compañías, países o simplemente particulares.

Trader Individuo que hace *trade*. Compra o vende *securities, stocks, bonds,* pares de monedas.

Trader room Espacio de oficina dedicado a hacer *trading*.

Trader station Ver *trader room*. Se refiere a la parte dedicada a los equipamentos, computadoras, monitores, etc.

Trading Acción de comerciar o de hacer *trade* con *securities* o pares de monedas.

Trailing stop Es un *stop loss* o sea una orden de cerrar una posición para evitar grandes pérdidas al tiempo que se trata de garantizar la mayor parte de las ganancias ya obtenidas. En la medida en que el mercado avanza a nuestro favor la ganancia aumenta, pero un viraje exagerado podría arruinar nuestro plan. Para minimizar las pérdidas se coloca un *stop loss* dinámico que se mueve según el precio sube, de manera que siempre persigue el punto mas alto del precio y su valor se mantiene fijo según una cantidad pre-fijada. Si el precio aumenta y ya se han logrado ganancias al rebotar, al regresar, a partir del punto mayor se cuenta regresivamente la cantidad anteriormente fijada y al activarse el *stop loss* se salva parte de nuestras ganancias. Este tipo de *stop* se llama *trailing stop*. Ver. *Stop loss*.

Trend Tendencia. Dirección general del mercado.

Trend following Seguidores de tendencias. Existen *traders* que solo participan cuando hay tendencias, no participan si el mercado se está moviendo de lado, *range market* o *bracket market*.

Trend indicator Se conoce como *Swing Chart*. Es un indicador usado por el tecnicista *Gann* que sigue los cambios principales de dirección o *swings* en las gráficas, para señalar la dirección del mercado según el período de tiempo o *timeframe* analizado. Se analizan el corto, mediano y largo plazo, *minor trend, intermediate trend* y *main trend*.

Triangle Triángulo. Es uno de los patrones de precios mas conocidos.

Trillon En países anglos es el equivalente a mil billones *1,000,000,000,000* y en los países de habla hispana es un millón de billones *1,000,000,000,000,000,000* Ver. *Billon*.

Triple top Ver *Double top* y considerar un tope extra.

Tuesday Martes.

Under-Valuation Subvaloración de un tipo de cambio.

Unit Trust En Inglaterra se le dice de esa manera ea los Fondos Mutuos.

Unlikely Poco probable.

Upper bound Ver *Bound upper*.

Uptrend Tendencia alcista, donde los precios suben.

Used margin Margen usado, se refiere a la cantidad de capital que se ha requerido para sostener las posiciones abiertas, del total del margen solicitado por el *brocker*. Si este margen disponible fuera insuficiente o se terminara el *brocker* cancelaría las posiciones que fueran necesarias sin previo aviso ya que en *Forex* no se aplican las llamadas previas *margin call*, por el carácter global e inmediato de las operaciones. Ver *margin*. Ver *margin call*.

User friendly Cuando el programa, plataforma, herramienta, sistema, etc. es de fácil manejo.

Value Date Cuando se efectua la operación de intercambio de las divisas en una operación

Vega Unidad de medida que expresa la variación de precio en un por ciento del valor de una opción.

Velocity Hash La tasa de *hash* o *hash rate*. Unidad de medida de la potencia de procesamiento de la red Bitcoin. Un *hash rate* de 10 TH/s indica que puede hacer hasta 10 billones de cálculos por segundo.

Velocity of Money Velocidad de circulación del dinero dentro de una economía especifica.

Velocity Volatibidad. Medida comparativa del movimiento de precios de un mercado en el tiempo.

Venture Aventura, empresa, arriesgarse para lograr algo, etc.

Viacoin Criptomoneda. Ofrece un sistema llamado ClearingHouse que permite la descentralización.

Volatility Volatilidad, es la razón relativa a la cual el precio de una divisa *currency* o criptomoneda, se mueve hacia arriba y hacia abajo de manera rápida en períodos de tiempos pequeños. Es la medida de cambio en ese período. Si el precio se mueve arriba y abajo de forma rápida en corto tiempo se dice que el mercado tiene una alta volatilidad.

Volumen Volúmen es una medida de los contratos que se comercian en un período dado. Es un indicador que muestra la fortaleza de los movimientos hacia arriba y hacia abajo. Es un buen elemento de confirmación.

Voluntary Benefit Association *(VEBA)*
Asociación que permite asignar beneficios viables a trabajadores en una corporación del tipo *L.L.C.* Ver *L.L.C. Corp.*

VPS Servidor virtual privado. Un entorno virtual alojado en el servidor dedicado, que puede ser utilizado para ejecutar las programas independientemente del PC del usuario.

Wallet En español significa monedero. Es el lugar digital donde se almacenan las

Criptomonedas como el Bitcoin, y que para efectos prácticos y figurativos se asemeja a un monedero físico real. Cada *monedero* tiene una llave privada private key que te identifica, que te permite y autoriza a usar tus activos para comprar posiciones u otro renglón donde sean aceptadas las Criptomonedas. Hay wallets que solo admiten una criptomoneda y otros que permiten varias de ellas. Hay cuatro tipos de Wallets: monederos para ordenadores, monederos para móviles, monederos online y monederos de papel.

Wall Street El distrito financiero de los *Estados Unidos* con sede en el bajo *Manhattan* en *New York*, donde radica la Bolsa de *New York*.

Wall Street Journal Periódico diario que edita *Wall Street*.

Wave Ola, se refiere a cuando el mercado se mueve en sentido de la tendencia predominante. Cuando el mercado respira *retracement* se le llama de otra manera. El mercado en general se compone de olas, consolidación y retrocesos.

WeAreSatochi Criptomoneda.

Weak hand Al que actúa por impulsos y abandona una posición al mínimo movimiento adverso.

Web site Sitio en el Internet. La palabra *Web* que significa tela de araña, describe la red de comunicaciones del *Internet*.

Wednesday Miércoles.

Weekly Semanal.

Whale Persona o entidad que posee enormes cantidades del mismo activo o divisa. Ver *Dump*.

Whiplashed Bandazo, latigazo, cuando un mercado es muy volátil y sube y baja bruscamente. Esto sucede principalmente con la liberación de una noticia importante.

Whipsaw Ver *whiplashed*.

Wick Mecha, rabo, línea de arriba y abajo del cuerpo *body* de la *candle*.

Wi-Fi También conocido como *Wifi* es una tecnología usada para conectarse a la Internet incluso a alta velocidad sin usar ninguna conexión física, sin cables. Es el equivalente a *WLAN (Wireless local area network)*.

Window Para los japoneses significa espacio, *gap*. Ver *Gap*.

Wire Fee El cargo que la plataforma cobra por transferir dinero desde tu cuenta hasta tu cuenta bancaria, usando el sistema electrónico en línea.

WLAN (Wireless local area network) Ver *Wi-Fi*.

Work station Sitio que se escoge para desarrollar la actividad de hacer *Forex*. Deberá reunir ciertas condiciones como tranquilidad y comodidad y estará equipado con el mínimo necesario para que todo el tiempo se pueda dedicar al análisis y toma de decisiones.

Yawn Bostezar. Término usado por algunos autores como *Bill Williams* para describir el comportamiento de un grupo de *moving averages* , que han permanecido enredados sin definir ninguna dirección del mercado y todo parece indicar que comienza a existir una definición, lo cual se nota al ver alejarse , separarse paulatinamente las diferentes curvas.

Yen Moneda oficial del *Japón*, su representación es ¥ y su sigla *JPY*.

Yield Producción, cosecha, retorno de una inversión.

Yield Curve Curva que muestra gráficamente como varian los rendimientos de los activos

XBT Es equivalente a Bitcoin, también se le conoce como BTC. Esa unidad de medida se usa regularmente para describir las operaciones de Bitcoin.

X Currency Criptomoneda. Especializada en transacciones privadas. Mensajes inmediatos para sus clientes y completa privacidad.

ZCash   Surge a partir del Zerocoin, que tras empezar siendo especie de anonimato criptográfico para el Bitcoin acabó convirtiéndose en una criptomoneda independiente.

Z Certificate   Certificado del Banco de Inglaterra.

Zerocoin Es una criptoconversión propuesta por el profesor Matthew D. Green, de la Universidad Johns Hopkins, y los estudiantes Ian Miers y Christina Garman, como una extensión del protocolo Bitcoin que añadiría cierto anonimato criptográfico a las transacciones Bitcoin. Zerocoin proporciona anonimato por la introducción de un servicio de mezcla separado, conocido como zerocoin, que se almacena en la cadena de bloques Bitcoin. Aunque inicialmente se propuso para su uso con la red Bitcoin, zerocoin podría ser integrado en cualquier criptoconversión.

Zero Coupon Bond Bono que no lleva implícito el pago por intereses.

Advertencia

(Disclaimer)

El Mercado de Criptomonedas , como es el del Bitcoin y el del Forex, como todos los instrumentos financieros están llamados a ser erráticos e impredecibles. Por esa razón conviene estar consciente que cualquier operación que ofrezca alguna posibilidad de ganancias , lleva implícita alguna posibilidad de pérdidas. No se recomienda hacer Forex sin una preparación adecuada y con recursos y capital que no implique grandes consecuencias o afectaciones su pérdida o disminución. El uso del apalancamiento al mismo tiempo que magnifica las posibles ganancias, pudiera exagerar las pérdidas implicadas en estas operaciones especulativas. Si no entiende algunos de los enunciados expresados en esta advertencia , le rogamos busque la asesoría adecuada. Cualquier consejo, enseñanza, sugerencia,que se haya dado en este libro ha sido solo con fines didácticos y educativos y absolutamente todas han sido eminentemente teóricas y ficticias , en ningún modo deben usarse para alguna operación de comercio que implique riesgo de capital u otro instrumento financiero, el autor, el editor, el impresor, el distribuidor y cualquiera que haya tenido que ver en este trabajo no es responsable por el uso o mal uso que se pudiera dar a la información suministrada.

C.B.

El autor

Carlos Berenguer Torralbas, *nació en Santiago de Cuba en el 1945, Comenzó sus primeros estudios en la escuela Jesuita Colegio de Dolores y en el Instituto de Segunda Enseñanza, posteriormente se graduó de Ingeniero Mecánico en la Universidad de Oriente en Santiago de Cuba donde fue profesor e investigador. Realizó diversos estudios de postgrado en la Universidad de La Habana. Después de terminar Real Estate y el curso especial de ventas de la I.T.T. realizó estudios superiores de Bussiness Administration in Health Care , CORF Administration , PHP specialist and Consulting in Health Care en la Universidad de Miami. Pasó cursos de Forex , Entrepreneur, Sistemas y se especializó en Excel aplicado a las finanzas. Durante su trayectoria profesional representó a Cuba en mas de 30 paises en diversos tópicos como planificación, pronósticos y desarrollo, impartió conferencias en el I.I.F. Institute International du Froid en Francia,en la Intergubernamental Francia-Cuba ,en el CAME (COMECON), en la NORAD Agencia Noruega de ayuda a paises en desarrollo, en instituciones de las Naciones Unidas como la UNDTAC y la FAO entre otras.*

Ing. Carlos Berenguer Torralbas
carlosberenguer@aol.com
www.carlosberenguer.com

www.carlosberenguer.com
carlosberenguer@aol.com

Amazon.com

Tratado de Forex en Spanglish, narrado en español, respetando los vocablos internacionales en Inglés. Más de 400 páginas llenas de conceptos , gráficas y tablas.

Amazon.com

Se analiza de forma amena la manera de hacer dinero con el Forex.

Amazon.com

Relatos de sucesos increíbles ocurridos al autor durante los sucesos de la Embajada del Perú en la Habana en el 1980.

Amazon.com

Diccionario especializado en Forex. Inglés-Español.

Amazon.com

Diccionario ilustrado especializado en Forex. Inglés-Español.

Amazon.com

Diccionario especializado en Criptomonedas y Bitcoin. Inglés-Español.

Amazon.com

Diccionario ilustrado especializado en Criptomonedas y Bitcoin Inglés-Español.

Amazon.com

Notes

www.ingramcontent.com/pod-product-compliance
Lightning Source LLC
Chambersburg PA
CBHW070142230526
45471CB00002B/483